英国一家、日本を食べる

マイケル・ブース
Michael Booth
訳：寺西のぶ子

亜紀書房

SUSHI AND
BEYOND:
What the Japanese know about Cooking

英国一家、日本を食べる　目次

装画：上野顕太郎
装丁：セキネシンイチ制作室

英国一家、日本を食べる

1　トシがくれた一冊の本——パリ

「ふん、そんなにデブってるんじゃ、自分のあそこだって、もう何年も拝んでねえだろ！　ズボンだってパンパンじゃないか。月みたいにまん丸な巨体を見せつけられちゃあ、お天とうさまは沈むしかないぜ！」

　トシの口の悪さは相変わらずだ。しかも、フランス料理と日本料理の相対的価値に関するきわめて節度ある議論をしていたはずなのに、こんなにいい加減な結論になるなんて。

　先日トシと一緒に、ノルマンディ海岸の港町、オンフルールにある、Sa.Qua.Na.《サカナ》という名のあるフレンチ・レストランへ行った。シェフのアレクサンドル・ブールダは、フランスで人気急上昇中の料理界のスターで、僕としては、彼の軽やかなタッチや食材の鮮度について無邪気な感想を言っただけなのだが、彼の料理を日本料理と比べてしまったのは、考えてみれば軽はずみではあった。ブールダが3年ほど日本で働いていたのを知ってたものだから、彼の料理は、彼自身が日本で口にした食べ物の影響を受けているとやんわり匂わせることが、さほど見当違いだとは思えなかったのだ。

そういう話が友人のカツトシ・コンドウを怒らせるということは、初めからわかっていたはずなのに。

「おまえに、日本料理の何がわかるっていうんだよ、えっ？」トシは、吐き捨てるように言った。「日本料理について、何か知ってるとでも言うのか？　日本でなきゃだめなんだよ！　このヨーロッパじゃ、味わえないさ。あの男が作ってるのは、日本料理とは似ても似つかないね。あれに伝統があるのか？　季節があるのか？　精神があるってのか？　Tu connais rien de la cuisine Japonaise. Pas du tout !〔おまえには日本料理なんてわかりっこない。わかるもんか！〕」これまでのつき合いから、こういうふうにいきなりフランス語が飛び出すのは、よくないサインだとわかっていた。トシが爆発しないうちに、何とか反撃しないといけない。

「充分わかってるさ、すごく味気ないってことは。日本料理なんて見かけばっかりで、風味のかけらもないじゃないか。あれに楽しみがあるのか？　温もりがあるのか？　もてなしの心があるってのか？　脂肪もなけりゃ味わいもない。どこがいいんだよ？　生の魚に、ヌードルに、揚げた野菜だろ――しかもみんな、盗んだ料理だ。タイとか、中国とか、ポルトガルから。まあ、どこだって関係ないか。だって、何でもかんでもショウユに突っ込むだけだから、みんな同じ味だよ。いい魚屋がいて、切れる包丁さえあれば、日本料理なんて誰だって作れるね。違うか？　タラの精巣にクジラの肉だって？――ぜひともお目にかかりたいものだね」

トシとは、数年前、パリの**ル・コルドン・ブルー**〔1895年創立の料理学校〕に通っていたときに知り合った。背が高く、引き締まった風貌の日本と韓国のハーフの男で、年の頃は20代の終わりぐらいだった。幾重にも重なる謎めいたベールに覆われているが、ぶっきらぼうなビートたけし風の見てくれの裏に、気の利いたさりげないユーモアのセンスが潜んでいる。

ほとんどの生徒は、白いシェフコートがジャクソン・ポロックの絵みたいになるまで、何日も洗わずに着ていたが、トシだけはいつも染みひとつないシェフコートに身を包んでいた。彼の料理はいつもパーフェクトで、盛りつけも周囲にたっぷりと白い余白があってパーフェクト、使う包丁はいつだって怖いほどの切れ味だ。でもトシは、教師のフランス人シェフたちと、たびたび激しく衝突した。トシが魚に数秒以上火を入れるのを拒み、野菜は歯ごたえを残して仕上げ、シェフたちが好むようなふにゃふにゃの食感にしないので、いつも目をつけられていた。おかげでトシは、フランス人とフランス料理に根深い反感を抱くようになったが、それでも彼はパリを離れようとしなかった。それは、ひとつには、上等な日本料理というものを、何が何でも独力でこの国に広めたいという、しぶとい決意があったからかもしれない。

「フランス人てのは、あの人がセックスを知ってる程度にしか、日本料理を理解しちゃいないさ」

あるときトシは、通りすがりの尼僧を指差しながらそう言った。

料理学校を卒業すると、トシは6区にある日本料理店で働き始めた。これぞ本物、といった感じの店で、ひっそりとしたたたずまいに加え、店内は静寂そのもので、日本人観光客の間ではちょっとした評判となっている。トシとは、卒業後もたびたび一緒に食事をして料理について語り合ってきたが、結局は、いつの間にか子どもみたいに悪口を言い合っておしまいになってしまう。

でも、今回は少しわけが違った。「オーケー、少し黙ってろ、いいな?」トシはそう言うとテーブルの下に頭を突っ込んで、かばんのなかの何かを探した。「これをやるよ。ちゃんと読めよ」

トシが手渡してくれたのは大型の本で、表紙には、ぼかしたタッチで、飛び跳ねる魚の絵が描かれている。一瞬面食らったが、必ず読むと約束して礼を言った。何だかしっくりこなかった。トシは、これまで何ひとつくれたためしがない。たとえば、酒を注文するときは、人数分まとめておごったりおごられたりするものだと説明しても、なかなか納得しようとはしない男だ。それなのに、その本はどう見ても高価だった。トシに暴言を吐かれたこともあれば、「頭が空っぽの白いガイジン」呼ばわりされたこともあるというのに、おかしなもので、帰りのバスで本を膝に載せて座っていると、僕やル・コルドン・ブルーの教師たちに侮辱されたという彼の痛切な思いが、ようやくわかりかけてきた。

その本は、1980年に出版された、辻静雄の『*Japanese Cooking : A Simple Art*』〔講談社インターナショナル刊　2006年〕の新装版だった。『*Gourmet*』誌の編集者、ルース・レイシュルと、アメリカの伝説的なフードライター、故M・F・K・フィッシャーが序文を書いているのを見れば、これはありきたりの料理本ではないとすぐにわかる。後で知ったことだが、この本は、英語で書かれた日本料理の情報源としては今なお傑出した存在で、世界中の日本料理愛好家にとってバイブルのようなものだった。

「この本は、ただの料理本ではありません。哲学の論文です」レイシェルはそう記している。

あたり前だけれど、レシピがたくさん載っていて、焼き物、蒸し物、煮物、野菜、揚げ物、鮨、麺、漬物など、200以上もの料理が紹介されているが――そのほとんどが、僕にはなじみがない――辻は、それだけではなく、米の精神性から日本料理における器の役割まで、ありとあらゆることを解説している。「日本人は、たとえつつましく暮らしていようと、料理は味がすべてで器は何でもよいとは思いません」と彼は述べている。また、辻は、日本料理では季節が非常に重要だと強調する。料理をする人も食べる人も、ある特定の時期にしか手に入らない食材を、貴重な授かり物として喜ぶというのだ。さらに、日本人は味がほとんどない食材を数多く使って、食感や舌触りを楽しむことも、この本で知った――豆腐、ごぼう、それから、こんにゃくというコンニャクイモの皮をむいて茹でてこねて固めた「こげ茶色やねずみ色の、固いゼリー状のかたまり」とかだ。さらに、僕にとって謎だったのは、「鰹の切り身を蒸してから、木材のように固くなるまで乾燥させ、それを薄く削ったもの」や、大豆を醗酵させるという恐ろしげな朝食の品、納豆などだ。どうやら、発酵食品はいろいろとあるらしく——味噌、醤油、納豆、それにナマコのはらわたの塩辛など——どれもが、僕が日本人に抱いていた、チーズであろうとヨーグルトであろうと「腐った」食べ物には臆病だという印象を覆してくれた。

日本人が、食べ物に熱を加えすぎないように気を使うのは僕も知っていたし、鮮度とシンプルな調理法に何よりもこだわり、火を入れすぎるとそういうものが損なわれると考えていることは広く知られている。辻も、「骨の周囲はほんのりピンク色をしている鶏肉」の料理について、楽しげに記している（後でわかることだが、日本では鶏の刺身も珍しくない）。

辻の本には、謙遜というオブラートに包まれてはいるが、自負が感じられるくだりもところどころにある。「私たちの料理は、薄っぺらで中身がないと思われるかもしれませんが、食材自体の、ほのかな自然の風味と趣を喜んでいただけるようになるはずです」辻は、前書きにそう書いている。一方、近年の世界的な料理のトレンドを見れば、欧米人は生の食べ物に対して神経質だとする彼の懸念が、今では杞憂にすぎなくなっていることもわかる。たとえば、「日本で一番喜ばれる料理、刺身は、我慢ならないほど風変わりで、むしろ野蛮であり、食における冒険の精神と勇気がなければ飲み下せないと、欧米では考えられているようです」などという彼の記述は、今ではもう当てはまらない。

不思議なのは、デザートが載っていないことだった。『*Japanese Cooking : A Simple Art*』には、デザートに関する記載がまったくない。日本料理とはそういうものだというのなら、それはものすごく不思議だ。一度も笑ったことがない人がいると聞かされたら、とても不思議に感じるのと同じだ。きっと、辻は甘党ではなかったのだろうと勝手に考えて、読み進んだ。

フィッシャーが日本料理の「優美なショー」と表現した500ページに及ぶ本を読んで、何よりも感心したのは、辻がいかに未来を先取りしていたかという点だ。地場産の新鮮な旬の食べ物、乳製品と肉類を減らす食事、野菜と果物を多く摂る食事――どれもこれもが、素材を最大限に尊重したうえで、料理人の干渉を最小限に抑えて作る料理で、まさに今のヨーロッパやアメリカで共感を呼ぶ考え方だった。30年も前に書かれたというのに、僕らみんなにとって重要で決定的ともいえる知恵が詰まった、実に新しい本だ。

辻のレシピの代名詞ともいえるシンプルな料理を見ているうちに、これまでの僕は、重大な過ちを犯していたかもしれないと思った。僕らにとって、インド、タイ、中国、フランス、イタリアの料理を作るのはごく普通で、メキシコ料理やハンガリー料理だってごくあたり前だが（僕はドイツ料理も作ったことがある）、日本料理となると、作ってみようと思ったことさえほとんどない――たとえ挑戦したとしても、できるものといえば、せいぜい、お粗末な鮨もどきぐらいだろう。日本料理の店に行っても、ひと皿6個が同じネタのニギリやマキが定番で、その他は、素人っぽく揚げた天ぷらぐらいしかない。けれども、辻によれば、日本料理はとてもヘルシーで美味しいうえに、作るのも簡単らしい。手間隙かけたブイヨンや厄介なソースに頼るわけではなく、面倒な下準備も要らないという。天ぷらの衣だってきちんと作らなくても構わない——つぶつぶのダマがあっても気にする必要はないらしい。

もちろん、トシの前ではあまり認めたくないが、僕は辻の本に大きな影響を受けた。それまでにも、多くのシェフが、シンプルであることや、「素材そのものに語らせる」こと、旬の素材や地場産の材料だけを使うことなどについてあれこれ言うのを聞いたが、彼らの話はいつも同じだった。雑誌や新聞に掲載するインタビューをするたびに、そういうシェフたちがだらだらと話し続けるのをぼんやりと聞いてきたけれど、彼らが作る、やたらとこだわりの強い手の込んだ料理を目にすると、そうした言葉もただの陳腐な決まり文句にしか思えなかった。ところが、ひとりの書き手が自国の料理について記したこの本では、そうした決まり文句のすべてが生きていた。

僕が『*Japanese Cooking : A Simple Art*』に心を奪われた理由は、他にもあった。3年間パリで食べまくったおかげで、大きなしわ寄せがきていたからだ。コレステロールのレベルが危険域に達し、ミシュランの星を獲得したレストランをことごとく回ったせいか、ウエストの回りにミシュラン社のタイヤをはめたみたいな体型になってしまった。階段を上るたびに息切れがして、そのうちに自分でソックスをはくこともできなくなるんじゃないかと、心配になるくらいだ。トシは、僕のお腹を指で押しては、その指が消えてなくなったという芝居をする。彼の方は、もちろん、ウィペット犬みたいにスリムで、かっこいい。彼のおばあさんは、先ごろ97歳になって、今も自分で庭の手入れをしているそうだ。日本人は、地球上のどの民族よりも長生きだって知ってるか、と彼に訊かれた。その理由もわかるかって。答えは食生活だ。

「おまえだって、今から和食を食べ始めたら、たぶん60までは生きるよ」トシはそうけしかけた。「俺は100まで生きるけどな。いつも、豆腐と魚と醤油と味噌と野菜と米を食ってるから」彼は、和食のさまざまな食材は身体にいいと、一風変わった自慢をした――シイタケはがんに効き、大根はニキビを防ぐというのだ。さらに、レンコンはコレステロール値を下げると言い、あげくには僕の広い額を叩いて、絶対にワカメを食べた方がいい、きっと薄毛がましになるから、なんて言った。そのうえ、トシが言うには、大豆は奇跡の食べ物で、コレステロール値を下げ、がんを防ぎ、人が永遠に生きられるようにしてくれるそうだ。

その後僕は、他の日本料理に関する本にも手を伸ばしてみた。だが、結局、ちゃんと読めた本はない。なぜかというと、出版から30年もの歳月が過ぎて、その間に権威ある英語の日本料理の本が何冊も刊行されているというのに、今でも日本料理といえば、辻の本に始まり、辻の本で終わるといっても過言ではないからだ。もちろん、鮨に関する本は何十冊もあり(鮨職人に本気で敬意を払っている本はごくわずかだ)、日本料理が身体によいことについて書いた本もあり、「洋食」という洋風日本料理の本もいくらかあるが（たとえば『*The Wagamama Cookbook*』〔Hugo Arnold著　Kyle Cathie刊　2005年〕）、現在進行形の日本の料理に関する本、今の日本ではどんなものを食べていて日本料理は今後どうなっていくのかについて書いた本はとても少ない。

驚いたことに、辻は、すでに1970年代の終わりに、伝統的な日本料理の衰退に気づいていた。「残念ながら、私たちの料理は、もはや本物だとはいえません。冷凍食品に汚染されています」彼はそう述べて、外国の料理がいつの間にか日本人の味覚を変化させているとも記している。とりわけ彼が嘆くのは、昔はなかった冷凍マグロの味で、それが「日本料理の伝統を破壊している」のだそうだ。

辻がそういうことを書いてから、状況はどう変化したのだろう？　辻が表現したような本物の日本料理は、今も残っているのだろうか？　それとも、他の国と同じように、カーネル・サンダースやマクドナルドに主導権を渡してしまったのだろうか？

辻の本を読み終わってすぐに、つまり、トシが本をくれたその日のうちに、僕はいきなり、衝動的に、後から思えば人生を変えることになる決断を下した。実際に行って、この目で見て、自分の舌で味わってみるしかないと決めたのだ。日本へ行って、今の日本の食べ物を調査し、料理の技術や食材についてできる限り学び、辻の悲観的な予想が当たっているかどうかを自分で見極めなければならない。今でも料理について日本人から学ぶべきことはたくさんあるのか？　『*Japanese Cooking : A Simple Art*』は、もはや失われた伝統のエレジーでしかないのか？　トシが自慢する日本人の長寿や、日本料理が恐ろしく身体によいという話は本当なのか？　もし本当なら、そういう食事を多少なりとも取り入れることはできるのか？　そもそも、日本料理は僕らの生活になじむのか？　それと、日本人は本当に、ガーターではなくノリを使ってソックスを留めているのか？　トシはそう言っていたけど。

とにかく日本へ飛んで、じっくりと、計画的に、貪欲に、仕事をしてやろう。北の島、北海道から南へ向かい、東京、京都、大阪、福岡を訪ね、沖縄の島々へも足を伸ばし、各地で食べて、インタビューして、学んで、探求する。日本ならではの食材を味わい、日本料理の哲学、技術、そして言うまでもなく、健康上の恩恵について学習する。そもそも、まずは体重を減らさなきゃならないし、そのためにもっとヘルシーな食事を心がけなければいけないのに、ヨーロッパにいる限り、選択肢はローファットヨーグルトや、ウェイト・ウォッチャーズ〈アメリカで始まったダイエットプログラム〉の料理ぐらいで、ほとんど魅力を感じない。それに引き換え、辻の本には、自分で作れるならすぐにも食べたいと思うほど、美しくて健康的でシンプルな料理が溢れている。

その日の晩、とりあえず妻のリスンにアイデアを話してみた。「あら、それはすごいじゃない」彼女はそう言った。「ぜひ日本へ行きたいわ。子どもたちも連れて行くといいわよね。きっと一生の思い出になるわ。そうでしょ！」

「いや、ちょっと待って。えっと……そういうつもりじゃなくて……ほら、だから、調査とか……インタビューとか、いろいろ……」

もう手遅れだった。僕を見る彼女のまなざしから、すでに心はどこかに飛んでいて、豪華なキモノや、敷き詰めた小石に熊手で整然と模様をつけた庭を眺めながらのザゼンや、デューティーフリーショップで思い切り買い込んだキラキラする箱に入った化粧品の山やらで、いっぱいになっているのがわかった。過去の経験からいうと、こうなってしまったら、戦おうとしても無駄だ。

だけど本当は、僕にとってもその方がよかった。若い父親はみんな同じだと思うが、子どもたちとどれだけ時間をすごしているか――というか、どれだけすごしていないか――については、いつも罪悪感に苛まれていたからだ。僕の仕事はいわゆる堅い仕事とは違って、ちゃんとした休みがない。もう5年以上も、休みらしい休みを取ったことがなかった。しかも、どこかでヴィラを借りて、プールサイドでだらけながら2週間もすごすとか、ディズニーランドへ旅行するとか、考えるだけでも面倒でうっとうしかった。今回、みんなを連れて行けば、出張と家族旅行を兼ねた旅になる。食べ物への情熱を子どもたちと分かち合えるし、興味の芽を植えつけてやれたら、やがてその芽が大きく育って、これから何年も親子を結びつけてくれるだろう。でも、何のかんのと理由をつけても、実はさまざまな意味で自分勝手な考えで、さも気高い精神で親としての務めを果たしているように装うなんて、ペテンじゃないかとも思えた。つまり、僕は日本に行きたくてしょうがないくせに、一方で、家族と何日も会えなければ何も手がつかなくなってしまうというわけだった。

＊＊＊

8月初旬の晩に、僕は日本行きのオープンチケットを1枚ではなく、4枚予約して、トシが日本の食文化の重要な地点だと断言した場所を組み入れて、現実的な行程を練った。

わずか3ヵ月足らずだが、僕らは食べ歩きの家族旅行に出かける。まずは東京へ入り、そこで3週間すごして徐々に環境に慣れる（それが浅はかな考えだったことは後でわかる）。トシの話では、東京はレストランにおいても日本の首都で、多種多様な店がどこよりもたくさんある。日本一の鮨屋、日本一の天ぷら屋があるのも東京で、その他にもびっくりするようなものが数限りなくあるという（この最後の情報は、いつもの薄ら笑いを浮かべながら教えてくれた）。

東京の次は、北方の島、北海道へ飛ぶ。強烈な都会である東京とは対照的に、広々としてゆったりとしているうえに、すばらしいシーフードがあるところだ。道庁のある札幌を拠点に、10日ほど滞在したい。

それから、また本州に戻るが、今度は東京よりもっと南の京都まで行く。その昔、都があったところで、今も日本の精神と文化の中心地だ。京都は「懐石」の本場でもあるとトシは教えてくれた。懐石とは、手の込んだフォーマルなディナーのコース料理で、フランスでいえばオートキュイジーヌにあたるが、懐石の方がずっと洗練されていて、ずっと奥が深くて、もっとおいしいとトシは言っていた。僕としては、豆腐も絶対に食べなくてはいけない。世界一おいしくて、新鮮な味がするはずだから。

京都で3週間すごし、その間にあちこち近場へ足を伸ばした後は（トシが言うには、聖なる山、高野山へはぜひとも行くべきだし、神戸へ行けば、僕らにとってなじみ深いヨーロッパの雰囲気も味わえるらしい）、少しだけ電車に乗って、大都市の大阪へ移動する。トシに教えられるまでもなく、大阪の食べ物が京都の食べ物とまるで違うのは知っていた。年初に、『ル・モンド』紙のレストラン批評の大家、フランソワ・シモンにインタビューをしたとき、大阪の食べ物について熱く語ってくれたからだ。彼は大阪のことを、世界一エキサイティングな食の街だとさえ言った。

とても楽しみなのは、大阪から九州の福岡へ移動する新幹線の旅だ。福岡については、きっと僕らが気に入るだろうということと、地元のラーメンを必ず食べるべきだということ以外、トシは多くを語らなかったが、話が最後の訪問地、沖縄に移ったとたんに、彼はやけに熱っぽく話し始めた。沖縄は、本来は日本じゃないと彼は言った。日本の国だけど違っていて、独特の食文化や生活があるという。１００歳まで生きる秘訣を知りたければ、沖縄こそ、それがわかる場所らしい――１０

0歳以上の人が世界一大勢いるそうだ。沖縄の滞在は、2週間を予定した。その後は東京に戻り、数日すごしてからイギリスへ帰ることになる。

小さな子どもたちを連れて、本当にそんな旅ができるかどうかはわからなかったが、できることなら、ぜひふたりに日本という国と日本の人々を見せて体験させてやりたかった。

6歳のアスガーと4歳のエミルは、まだヨーロッパの外へ出たことがない。アスガーは、僕が6歳だった頃と同じように、食べ物のえり好みをする。つまり、彼が口にするものは、ポテトを主体とする恐竜の形をした食品におよそ限られている。エミルの方は、もともと食道が敏感に反応するのが悩みの種だが、家族は服や家具に染みついた嘔吐のにおいにいつの間にか慣れてしまい、気にもしていない。こんな子どもたちが、日本で何を食べるというのだろう?

僕にしても、日本に対する明確なイメージはなく、『ロスト・イン・トランスレーション』もあれば黒澤の映画もあるというような両極性が頭に浮かぶ程度で、日本語も、トシが丁寧なあいさつだからと教えてくれた言葉以外は何もわからなかった。でも、思うに、あれはきっといやらしい言葉に違いない(やっぱり、本当にそうだった)。

実際の日本は、どんなところだろう? 移動は簡単だろうか? 人々はどんな暮らしをしているのだろうか? 澄み切った渓谷とコンクリート、幾何学的に整備された庭園と雪をいただいた山々、ゴシック・ロリータと芸者——そういうものが混在するところで、ヨーロッパから来た好奇心の強い（変わり者の、ともいえる）ささやかな家族が受け入れてもらえるのだろうか？　ましてや、歓迎してもらえるのだろうか？

8月下旬、僕と家族を乗せた成田行きの747は、エンジントラブルでヒースロー空港に引き返した。ターミナル4で5時間も待たされ、しかたなく食べたできあいの鮨は、味けなくパサパサしていた。でも、この鮨を食べておけば、これから本場の鮨を味わうときに、そのうまさがいっそうわかると思えた。

＊＊＊

座席のテーブルをもとに戻して着陸の準備に入るまでに、整理しておかなきゃならないことがいくつかあった。ときどき人から指摘されるけれど、僕はすぐに他人をさかなにして下品な冗談を言う。無頓着に人種差別的発言をしてしまうのも有罪だし（一番の犠牲者はイタリア人だ――イタリア人男性はすごく非常識だから）、よく知りもしないのに偏見を持つ癖もある。だから、この際、基本ルールを決めておくのがいいと思った。いわば、僕にとっての簡単なガイドラインだ。日本や日本人に関して数えきれないくらいお目にかかる言い回し――つまり、いいかげんな紋切り型の形容とか、使い古したジョークとか、失礼な十把ひとからげの言い方などは、この本のなかではぜひとも避けようと思う。そこで、誓約リストを作って、それを固く守ると約束することにした。できるかぎり……だけど。

- 日本人が「r」と「l」の発音を区別できなくても、いちいちあげつらわないとここに誓う。
- 日本人の身長をネタにした冗談は絶対に言わない。
- 日本のトイレのテクノロジーの複雑さについて、おもしろおかしく話さない。
- 日本文化のある部分を変だと思ったとしても、日本へ行くのは「地球にいながらにして他の惑星へ行くのと同じだ」なんて言わない。
- 正しくない英語のメニュー（ご一緒に「フレンチフライ」はいかが？　とか）をわざわざ真似したり、車種名（マツダの「Bongo Friendee」）や、Tシャツの文字や、店の名前（東京で見かけた「Nudy Boy」）に使われている独創的な英語をばかにしたりしない。

守るのは、けっこう難しいかも……。

- ゴシック・アンド・ロリータのファッションで着飾るティーンエージャーにこっそり近寄って、

勝手に写真を撮ったりしない。

・今現在も今後も理解できそうにない高度な日本文化に出くわしても、むやみに黙りこくったりしない（「この歌舞伎（または禅、庭園、書道）はあまりよくわからないけど、奥の深さは強烈に感じるよ。だから、話し声は抑えるし、そっと後ろに下がってるよ」というくらいはコメントする）。

・夜の日本の都市を言い表すときに、『ブレードランナー』を連想したりしない。

・戦争、神風特攻隊、相撲取りに関する冗談は言わない。日本人が、フォークの存在を知ってからも箸を使い続けているのには感心するとか、日本人の髪のタイプはみんな同じだね、なんてことも言わない。

はたして、どこまでやれるだろう？

2

新宿・思い出横丁――東京1

僕らは夜の東京で呆然としていた。タクシーから、8月の終わりのむっとした空気のなかに降り立ち、新宿駅から絶え間なく流れ出てくる人のうねりに圧倒されていた。煌々と照らされた明かりのなかで、何千人もの人が群れるツバメのように僕らの周りを動いていくのを見て仰天し、4人でしばし立ち尽くした。

東京に着いたのはその数時間前で、実はくたくただったはずなのに、時差のせいで脳がまだ昼間だと勘違いしていて、やけにはしゃいだ気分だった。日本の異質な文化は、税関の通過どころか、入国審査で「ノー・ブロッコリー」という標示を見ただけで、すでに明らかだった――シルエットっぽく描いた紛れもないブロッコリーの絵の上に、赤い線が引いてある。東京では、ブロッコリーの密輸が問題視されているのか？　持ち込み禁止のアブラナ科の植物は、他にもあるのか？

ヒースロー空港からの便で到着した他の乗客と同じように、僕らはまるで天涯孤独の身の上みたいに、旅行かばんを抱きしめながら空港を出て、ホテルへ向かおうとした。エミルは、その後、旅の途中で快く意見を変えてくれるのだが、すぐに日本が気に入ったわけではなかった。「におうよ」

空港の外でリムジンバスを待っているときに、そう言うのだ。「何が？」僕は訊いた。「何もかも」息子は、口をへの字にしてそう答えた。

バスはびっしりと混み合う10車線の東関東自動車道を、巨大なラブホテル群、ショッピングモール、パチンコ店などのそばを通り過ぎながら、とろとろと西へ60キロメートル余り進んだ。途中で東京タワーもちらりと見えたが、エッフェル塔よりも背が高いはずなのに、周辺のビルのせいで、それほど高く感じられない。その後、高速道路の出口ランプをいくつか経由して、ようやくらせんのスロープを下り、夕刻に東京の中心地に到着した。その日、二度目の地上への着地だった。

実は、東京には中心街というものはない。バスからちらちらと観察したところでは、日本の首都は無限大の迷路のような都会で、高層ビルの街並みと高速道路が東西南北すべてに向かって果てしなくどこまでも続いている。どこがこの街の中心なのかと考え始めると、あるいはもっと単純に、通常の概念の街という言葉に東京を当てはめようとするだけでも、すぐに頭が混乱しそうだ。トシは、東京というのは20ほどの街の寄せ集めで、大きな輪のなかに小さな輪がいくつもあって、その輪がすべて地上の山手線でつながっていると考えればいいと教えてくれた。

青山のウィークリーマンションで、戸棚の扉や引き出しを片端から開けたり閉めたりした後、僕らはふいに空腹であることに気づき、とにかく東京に繰り出してみることにした。でも、東京は、ちょっと試しに出かけてみるような街じゃない。ほんの少し玄関から足を踏み出しただけで、他では絶対に味わえないほど圧倒された気分になる——気おされて足元をすくわれそうな気がしてくる。しかも、僕らみたいに、日本最大の夜の歓楽街、新宿でタクシーを降りるという選択をしてしまったら、完全に呆然自失だ。

東京には1200万人が住んでいる。日本の人口の10分の1が、日本の国土の2パーセントに当たる土地で暮らしていることになる。そして、毎日200万人が、世界一混雑するといわれる新宿駅を利用する。その200万人が、その夜、僕らを歓迎してくれたというわけだ。気がつけば、移動するヌーの群れの真ん中に紛れ込んだみたいになっていた。おしゃれに着飾ったヌーたちだ。

エミルはしばらく僕の太ももにしがみついていたが、やがて、群衆がちゃんと秩序を守っていて、通勤者も、買い物客も、遊んでいる人たちも、ソナーでも使っているみたいに互いをうまくよけ合って、それぞれの目的地へ向かって静かに流れていくことがわかってくると、手を放した。僕たちの頭上では、断崖絶壁のような液晶画面が、なぜか缶コーヒーをおいしそうに飲む鮮やかなごま塩頭のトミー・リー・ジョーンズの顔を映し出していた。

そうこうするうちに、エミルは、若い女性たちに注目されてきゃっきゃと言われるものだから、またまとわりついてきた。エミルは、母親のカリスマ性を受け継いでいる。まるで小さなロックスターのように、何もしなくても自然と周りの視線を集めてしまう。アスガーの方は弟よりも人懐こいので、彼のブロンドの髪と茶色い目もだんだんと人目を引くようになり、たちまちふたりともキャーキャーと騒がれて、あろうことかふたりにとっては世界で何よりも大切なお菓子とシールを手にした礼儀正しい女性たちに、写真を撮られる事態となった。息子たちに——僕らが見たところでは、うちの息子だけでなくほぼすべての欧米の子どもたちに——備わった、不思議だけど幸いにも無害な魔力が、ある特定の日本人女性の層に威力を発揮する、「セレブのお出かけ症候群」とでも名づけたくなるほどの現象を体験したのは、それが初めてだった。もしもサインができたら、アスガーもエミルも、日本にいる数ヵ月間に何百枚とサインする羽目になっただろう。

新宿駅は、それ自体が自己完結したひとつの街だといってもいい。デパート、レストラン、オフィス、バーなど、すべてが線路の上と下にそろっている。電車に乗らずに、1日中駅のなかですごせるほどだ。僕らはたちまち歩道の迷路で迷ってしまったものの、運よく日本最大級のデパートの食料品売り場、いわゆる「デパ地下」にたどり着いた。

日本の有名デパートには、たいてい、巨大なスーパーマーケットとさまざまなテイクアウトショップが合体したような売り場が地下にある。ありとあらゆる生鮮品、思いつく限りの加工食品、そして欧米人やアジア人の想像を超えるようなでき合いの料理が数限りなくある、驚くべき場所だ。しばらくぶらぶらしただけで、僕は食品誘導性のトランス状態に陥り、他の3人は興味がなさそうにしながらも感動していた。鮨屋並みのクオリティーがある、パック入りの作りたての鮨、ずらりと並んだ天ぷら、とんかつ、豆腐、おにぎり、黒くて甘いたれの下でギラギラ輝く焼いた鰻——そこには、現代の日本人の食が凝縮されていた。かねがね聞いていた、高級フルーツもあった。傷ひとつないみごとな網目のついた、オレンジ色の果肉の北海道産夕張メロンは、赤いリボンをかけてファベルジェの卵〔イタリアのファベルジェ工房が製作する、金、銀、宝石で装飾した卵形の高級工芸品〕のように木箱に入れられ、2万1000円という値がついていた〔メロン1個の値段が125万円という記録もあるらしい〕。マンゴーは1万5000円で、リンゴも四角いスポンジでそっと包んで傷がつかないようにしてある。魚の干物も山ほどあった。鰻の骨を揚げたもの〔骨も無駄にはするまいってことだろう〕もあれば、あちこちのガラス張りのキッチンのなかでは、料理人が点心を作ったり、麺を打ったり、もちケーキ〔米粉でできていて、小豆のペーストなど甘いものを詰めた菓子〕を作ったりしている。フランス産のチーズの売り場に至っては、パリのマーケットと同じくらい充実した品ぞろえで、値段もそう高くない。手の込んだデコレーションケーキも、ロールケーキも、マカロンも、ラデュレ〔パリにある老舗のパティスリー〕で売っているのと同じくらいすばらしい——むしろ、日本の方がおしゃれに細工されているくらいだ。アスガーが僕の袖を引っ張って、僕らはちゃんと食事をしないといけないということを思い出させてくれた。

新宿駅は、この街のまったく異なるふたつの地域の緩衝材の役割を果たしていた——駅の西側には、オフィスやホテルの高層ビルがところ狭しと建ち並ぶ。でも、僕らが足を踏み入れたのは東側の歌舞伎町——料理店、回転ずし屋、ショップ、バー、ナイトクラブの迷路——だった。

歌舞伎町と、そのそばのゴールデン街は、日本では珍しいほど猥雑な場所で、バニティーとかセデュースとかいう名前のホステスバーや、若いホストが女性客を相手にするバーなどが、建て込んだビルの各フロアにひしめき合う。数ブロックにわたってびっしりと並ぶ、ひとつひとつのビルのそれぞれの階の外側には明かりの灯った看板があって、料理店、バー、カラオケ店などの存在を示している。〔冗談抜きで『ブレードランナー』を連想してしまうような、たまげた街だ。

夜に、幼い子どもをそんなところへ連れて行くなんてとんでもないと思うかもしれないが、たとえヤクザの牙城であっても（たぶん、そうであるからこそ）、歌舞伎町は清潔で安全で、カジャグーグー張りのヘアカットのジゴロバーの客引きは例外として、なかなか節度を保っていた。それにアスガーとエミルは、たとえもう少し年が大きくても、周りにたくさんある窓のないサロンで行われている——ふたりにとっては間違いなく身の毛のよだつような——ことに関しては、何もわからないはずだ。日本の「ピンク」は、欧米のポルノ業界用語、「ブルー」と同じだ。かつて、歌舞伎町には「トルコ風呂」がいくつもあったが、トルコの大使が手違いでそのなかの一軒へ出向いてしまったせいで外交問題となり、その後みんな、「ソープランド」と名前を変えなければならなくなったという話もある（大使側の言い分だけど）。

東京には全部で30万軒ほどの料理屋があるが、そのうちのかなりの店がこの密集した一角に集中している。日本では、料理屋といえば、たいていは1種類の料理の専門店だ。ひとつの料理しか作らない店だってある。駅のなかなどには、何種類もの料理が食べられる店もたくさんあるけれど、そういうところは、急いでいるのでとりあえず何か食べたいという人にそこそこの料理を低価格で提供する。それが、東京の食が他の国とは比べ物にならないほど豊かである鍵だろうと、僕は思う。パリにも、タイや中国やベトナムや日本の料理が食べられる「アジア料理」のレストランはけっこうあるが、その質はどう高く見積もっても三流だ。けれども東京では、料理人は自分が手がけるジャンルの料理のニュアンスやバリエーションを隅々まで会得し、何年もかけて腕を磨き、天ぷら、鮨、鉄板焼き、そばなどの名人となる。店側としては、常連をわずかにつかまえておけばたとえ東京でも家賃程度は賄えるが、客の側は舌が肥えていて、同じ料理の他のスペシャリストと比較しつつ、その店をどう評価すべきかを心得ている。

僕らにとってその晩のただひとつの問題は、どの店を選ぶかということで、まったくお手上げだった。僕は、普段からレストランを選ぶのが下手だ。しかもこのときは、東京に着いたばかりの新参者で、写真のメニューがなければ、それがどんな料理の店かを外見から読み解くのはとても難しかった。他の国ならば、メニューがわからない店は危険な臭いがするかもしれないが、東京ではそうとは限らない。日本に着いた最初の夜だけに、何か特別なものを食べてみたかった。

南北に走る線路のガード脇には狭い路地があって、6〜10人ほどでいっぱいになるような人間的な感じの「居酒屋」（ジャパニーズスタイルのパブレストラン）がたくさん並んでいた。この路地は「思い出横丁」という、１９４０年代末の東京の名残がある場所で、暗くて汚くて陰鬱な雰囲気が漂っている。『M★A★S★Hマッシュ』（１９７０年作の、朝鮮戦争時の移動野戦外科病院を舞台とした、ブラックコメディ映画。１９７２年にテレビドラマも制作された）で、ホークアイがしょっちゅう入り浸っていたようなところだ。かつての東京の闇市がここでは今も根強く息づいていて、世界有数のきらびやかな夜の街の真ん中で開発業者に抵抗し続けている。

炭焼きグリルの煙と麺を茹でる大釜の湯気で辺りの空気は重く、あらゆるものに油がこびりついて茶色っぽく見えていた。トシは、あそこはまったく安全で店の主人と常連はよそ者を歓迎するし、しかも、ラーメン、焼き鳥、焼きそばなど、あの辺りで食べられるものは、食べずにはいられないほどうまくて安いと断言した。

僕らは合成樹脂のL字型カウンターににじり寄っていった。カウンターのなかにいた、パンチパーマのごま塩頭で赤いエプロンをつけた年配の女性は、蛍光灯の下でクエスチョンマークの形に身体をかがめて、金属のへらで懸命に鉄板をこそげ、そこへ解きほぐしたラーメンの玉を投げ入れた（紛らわしいけれど、焼きそばは、そばではなくてラーメンの麺で作られる）。僕らの存在は相当珍しかったはずだが、その女性はこっちをほんのちらりと見ただけだった。僕は麺を指さし、指を二本立てて微笑んだ。すると彼女はうなずいて、仕事に取りかかった。

若月というその店のデザインは機能的だった。キッコーマンのボトルや箸をたくさん立てた瓶がカウンターの上にあって、日本語で短冊に書いたメニューが壁のあちこちにかけられ、赤白の提灯が天井からぶら下がっていた。僕らは、赤いビニールのスツールに腰かけた。そして、醤油ベースの甘口ソース（濃い色の少しピリッとする照り焼きタイプのソースで、日本中のさまざまな料理に使われている）をからめ、真赤なしょうが漬けと乾燥した海藻の粉が載った2人前の焼きそばを、分け合って食べた。冷静に判断しても、癖になる味だ。

　他の客——仕事帰りでネクタイを緩めた黒っぽいスーツのサラリーマンたち——が、前腕ほどもある茶色のビール瓶を差し出し、小さなグラスになみなみと注いで僕とリスンに渡してく

れて、ぶつぶつ切れる英語で、礼儀正しく、どこから来たのか、どれくらい滞在するのか、日本の食べ物をどう思うかと尋ねた。アスガーとエミルが箸と格闘しているのを見た店の主人は、ごそごそと探してフォークを2本出してくれ、おかげで僕らは存分に頬張ることができた。

こういうところでは、1軒の店で軽く何かを食べたら別の店でまた焼き鳥を食べるというように、次々と店を移動するものだというので、僕らもそれに倣うことにして、別の小さな店の炭焼きグリルの前に腰を下ろした。この店では、薄いあごひげの若い男が火をおこして串をひっくり返していた。僕らは、他の客が食べているものを指で示してから、調理場とカウンターの間のガラスケースに入っている生の串を指さして注文した。

僕にとって、バーベキューはいつも心配の種だ。肉はたいてい焼けすぎか、生焼けか、焦げているかのいずれかで、ときにはその3つがそろっていることもあり、普通にオーブンで焼くのに比べると概してできがよくない。けれども日本人は、他のどの国の人よりも炭火の扱いに長けているうえに、単純ながらも画期的な工夫をしている——食材を小さくしているのだ。

「焼き鳥」というのは、文字通り焼いた鶏肉だが、アスパラガスやウズラの卵、トマト、その他のいろいろな野菜なども同じようにして焼く。大切なのは、肉をひと口大にカットして串に刺してあるということで、1本の串に肉が3切れほど刺してあり、肉と肉の間に短く切ったネギ——とても柔らかいリーキ——が挟まっている。串はどれも炭焼きグリルで数分焼き、たれをつけてもう一度炭火にかざしてから客に出す。特別身体にいい食事ではないけれど、クリスタル・メスみたいに病みつきになるので、麻酔薬を使わずに子どもたちに野菜を食べさせるにはなかなかいい方法だった――薬を使うなんてコストパフォーマンスが悪いし、リスンには倫理的に問題だと言われた。

レバー、歯ごたえのある砂肝（鶏にある筋肉でできた器官で、食べたものを消化器に送る前にすりつぶす役割を果たす）、皮、心臓などは、どれも焼き鳥のメニューには欠かせないものだが、その日、ガラスケースのなかに、ひとつだけ何かわからない素材があった。僕は、せっかくの機会を逃したくなかったので、それをひとつ注文した。たれがかかっているせいで特別な風味は感じられなかったが、プラスチックをバリバリ噛んでいるような、変わった食感があった。

それは軟骨――鶏の胸肉の先端部だった。いかにもおいしそうというわけではなかったが、エミルはすべての串を熱心にかじり、結局レバーまで平らげた――甘いたれのパワーには、ひざまずくしかない。

焼き鳥屋のたれは店ごとに独自のレシピがあって、みんな自分の店のたれを大切に守っている。辻静雄も、本物の焼き鳥屋はたれを使い切らずに、減りかけたら新しく足していくのだと書いていた。つまり、たれには水を一切使わないので、場合によっては何年も使い続けることができるというわけだ。必要な材料は、日本のほとんどのたれと同じで、醤油、酒、みりん、砂糖だ。そこに鶏ガラを入れて煮込み、増粘剤として葛――塊をつぶして使うが、コーンスターチと違って味やにおいがなく、とても軽い――などを加える。醤油とみりんを同量にして、酒と砂糖は少し少な目にするとおいしいたれのベースができる。
炭火の煙のなかに腰かけて、子どもたちが串に刺さった鶏の内臓を嬉しそうにむしゃむしゃ食べるのを見ながら、地球の反対側でコーンフレークとトーストの朝食から始まった一日をこうして終えるなんて夢じゃないかと思ったが、不思議とこのうえなく幸せでもあった。

翌日は、日本までの道中でいい子にしていたアスガーとエミルに、約束を果たしてやることになっていた。ふたりの頭のなかでは、日本といえばあるひとつのものと同義で、それは食べ物とは何の関係もなかった。ふたりはずっと以前からポケモンに夢中だったのだ。ポケモンというのは、奇抜で風変わりなキャラクターが登場する漫画で、世界中で人気を得ているが、18歳以上の大人にとっては理解を超えるアニメだ。ふたりには、品川にあるポケモンセンターへ行くと約束していたが、その日が土曜日なのをうっかり忘れていた。行ってみると、すでに店内は、ポケモンTシャツやフィギュア、弁当箱、キーホルダーなどを欲しがって叫ぶ7歳児たちでごった返していた。アスガーとエミルは目を真ん丸にして、たちまち彼らが懇願するときのお決まりの文句を唱え始めた――「ほしい、ほしい、ほしい……」ふたりのバスケットは、籠城でもするのかというくらい、どんどんいっぱいになっていった。

僕の理解では、ポケモンのフィギュアの需要が大きいのは、店に置くだけでみんなが欲しがるからで、フィギュア自体の実用性とか芸術性は関係ない。つまり、次々と大量生産して愛好者を意のままにできるフィギュアは企業にとって理想的な商品で、日本の任天堂ほど顧客に絶大な力を発揮している会社はない。

ポケモンセンターの次は、キディランドへ行った。驚くほど小さな、東京で最大のおもちゃ屋だ。ポケモンコーナーをぶらぶらしていると、子ども連れの女性が近づいてきた。

「おいくつですか?」彼女はアスガーを指さして、そう尋ねた。

「6歳です」僕が答えると、その人は心底驚いたようすだった。僕も、4歳ぐらいに見える彼女の息子の年齢を訊いた。「8歳です」彼女はそう答えてから、アスガーの方を見ながらさらに言った。

「それで普通なんですか?」

「ええ、普通がどういう意味かにもよりますが」

「あぁっ、パーパァー」息子が声を上げた。

道の向こう側に小さな売店があった。ブームだという噂の、ビネガードリンクを売っている。チェリーフレーバーを注文して、ひと口飲んでみた。初めは何も問題なかった。さくらんぼの甘くて優しい香りの、昔の回虫駆除の薬みたいな味だ。でも参ったのは、すさまじい胸やけで、酢そのものを飲んだみたいだった。それでも、考えてみれば、まだましだったのかもしれない。聞くところでは、東京ではもうひとつ流行っている飲み物があって、カロリーゼロのゼリー状のドリンクということだが、豚のプラセンタが材料らしい。

ハローキティの本場、原宿を少し歩いたところで、ティーンエイジャーの女の子たちをこっそりと写真に収めた――スタックヒールの靴にレースたっぷりのパフボールスカートをはいたゴシック・ロリータもいれば（例の誓いはちゃんと守らないと）、血まみれのエプロンまでつけたナース、アニメのキャラクター、フレンチメイド、いわゆるＬＡパンク（キーファー・サザーランドの古い映画に出てくるエキストラ風）などもいた。

マンションまでの帰りは、タクシーを拾った。パリでは、タクシーを拾うのはアシナガバチを捕まえるようなものだ。ものすごく忍耐が必要なうえに、結局最後にとばっちりを受ける。でも、日本のタクシーのドライバーは同じハチでも品種が違うというか、みんな一流の運転手だ。車道に向かって腕を突き出すと（アスガーは、サーベルのライトを光らせた）、数秒で箱形の黄色いトヨタ車が止まった。後ろのドアが自動で開くのを見た息子たちは、驚きのあまり息を呑んだ。

「うっ……うわぁ！　今の見た!?」エミルが言った。

「僕がやったのさ！　僕がフォースを使ったんだ！」アスガーが答えた。

僕らは後部座席に乗り込んで、白い手袋をした運転手に地図を見せて、行きたい場所を示した。すると、運転手はにっこりとうなずいて車を出した。10分後、きっかりの料金を払うと再びドアが自動で開いて、僕らは車を降りた。「お忘れ物のないように！」運転手が後ろから声をかけた。すごくシンプルじゃないか。タクシーの運転手は客を目的地まで運び、客はその料金を払うだけだ。僕らは、さまざまなわけのわからない追加料金や、危なっかしい運転や、ばかばかしい対立や、挙句の果てにチップが少ないと文句を言われることに、慣れすぎている。

このタクシーの経験から、僕はマンションに帰り着いたらすぐにリストを作ろうと思い立った。

パリと比べて東京のすばらしいところ――発生順

- 犬の糞が落ちていない
- 誰もチップを要求しない
- ゴミが落ちていない
- まてよ、ゴミ箱も置いてない
- 僕より背が高い人がいない
- みんなの話す言葉がわからなくても、誰も僕らのものを盗まないし、いんちきをしないし、失礼なことをしない
- こんなにたくさんの料理屋があるのに、なぜか商売が成り立っている

・たとえ今だけでも、誰よりも背が高くなるのは本当にすばらしい
・タクシーが拾いやすい
（雨が降っていても）
・運転手は、客を望みの場所までただ送るだけで、ごちゃごちゃ言ったり法外な金を取ったりしない
・店員は、客にまた来てほしいと心から思っている
・日本でなら、僕はバスケットボールの選手としてかなり成功できそうだ

マンションに戻ると、管理人さんが、台風が近づいていると教えてくれた。「つまり、どうなるのですか？」僕らは訊いた。「ものすごい風、雨」彼女がそう言ったので、ちょっと心配になった。翌朝、激しい風が吹いていた。近くのスーパーマーケット――「Delicious Foods Make Us Pleasant」という不思議な英語がスローガン――では、毛布と2日分の食料、水をキットにした、「台風準備セット」を用意していた。それを見た僕らは、さらに心配になったが、いくらなんでも過剰反応だと思えた。ところが、昼頃になるとすさまじい雨風が窓を殴りつけるようになり、いろいろなものが風に吹き上げられていた。問題は、夕飯の食料が何もないことだった。僕が出かけていくしかない。

外に出ると、横殴りの雨だ。通りは閑散としていて、車も通らなければ人もいなかった。めちゃくちゃだ——風に逆らって必死で前進しながら、そう思った。途中の店の前に止めてあった自転車が倒れて、ゆっくりと横滑りに動いていく。僕は、下手なパントマイムみたいな格好で、かろうじて前に進んだ。タクシーが1台通り過ぎていった。小さな店の主人が内側からガラスに顔を押しつけて、すごく心配そうに僕が歩くのを見ていた。僕はすでにずぶ濡れだったが、ともかく、やっとのことでスーパーに到着した。

店内では、何ごともなかったかのように、BGMが小さく流れていた。僕は、見慣れないパッケージや、英語の表示がないことに当惑して立ち尽くし、並んでいる果物や野菜の完璧な姿に恐れおののいた。日本人は、生鮮食料品にとてもうるさい。どの商品も、傷ひとつない。リンゴはエアブラシで色づけしたみたいにバラ色に輝き、ナスは漆のように黒くつやつやして、ジャガイモでさえ形がそろっていて、何もかもが新鮮で採りたてのように見える。僕以外の唯一の客が、ゴボウについている変わった形のバーコードに携帯電話をかざしていた。携帯のディスプレーいっぱいに映し出されている農家の人が、おそらくそのゴボウを生産したのだろう。後で知ったことだが、そのシステムを使うと、消費者はその作物がいつ収穫されたかを——なんと時間単位で——知ることもできて、間違いなく国産で有機栽培であると確認できる。中国産の食品に関連する不祥事がたびたび起きた結果、こうなったらしい。

僕は、麺や、鮨や、その他いくつかの食品でバスケットをいっぱいにして、BGMバージョンの『スメルズ・ライク・ティーン・スピリット』に合わせて鼻歌を歌いながら、支払いをすませて店を出た。再び外に出ると、アルマゲドンが猛威を振るっていた。深く息を吸い込んで、また風に逆らいながら少しずつ前進したが、15メートルも行くともう限界だった。慌てて、最初に目についた開店中の店——100円ショップに飛び込んだ。その店では、傘から下着、道化師の衣装に至るまで、あらゆるものを100円で売っている。ハローキティの傘を1本買ったけれど、店を出てその傘を開いた瞬間、タンポポの綿毛みたいに風にさらわれてしまった。

ようやくマンションにたどり着いて、テレビのニュースで、『オズの魔法使い』みたいにどこかの家がまるごと吹き飛ばされているところや、南の海岸で船が打ち上げられているのを見た。それから、『ミスター・ビーン』も日本語で見た。

管理人さんは、明日の朝までには嵐は治まると請け合ってくれた。翌日は特別なランチを食べる予定だったので、それはありがたかった。

3

相撲サイズになる料理——東京 2

「スモウトリって人なの？」エミルが小さな声で訊いた。両耳を手でふさぎながら、脂肪の塊の上にマワシをつけた巨体がすさまじい音を立ててぶつかり合うのを見ている。

息子にしてみれば、当然の疑問だ。彼がこれまでの4年の人生で出会った人のなかに、スモウレスラーのようなタイプはひとりもいなかった。ましてや、ここ日本では、上の息子がすでに指摘しているように、「パパみたいに太ってる人は誰もいない」はずなのだから。

日本人は、自分たちの体格とはおよそつり合わない競技をわざわざ国技にしているように思えるが、実は相撲が国技となったのは太古の昔で、初めは神道の儀式だったものが、8世紀になって天覧の競技となった。今では、多少人気に陰りが出ているものの、数百万人がテレビで観戦し、有名力士ともなれば、その姿はセックスシンボルとはかけ離れているように思えるのに、デビッド・ベッカムのように女性ファンからもてはやされる。

僕は、どうしても知りたいと思っていた。誰もが極端に脂肪の少ない食事をして、同じようにスレンダーな体つきをしている人たちの国で、力士だけは巨大なセイウチのような身体を作り上げている。もしも僕が自分の身体を相撲サイズにしたいと思ったら、いったい何をすればいいのだろう？　力士の食事は、きっと脂肪だらけの肉にアイスクリーム、フライドポテトとチョコレートなのだろうといつも想像していたし、力士は食べるとすぐに寝るという話も聞いたことがあった。僕の理想の生活をしている人がどこかにいると思うと、妙に心が慰められたものだ。

トシの話では、相撲部屋に接触するのは難しいということだった。「無理だな。あそこに近づくチャンスなんてないぜ」と言われた。トシによれば、力士というのはたいてい横柄で、のっそりしていて、高価なヘアトニックや香水にやたらと関心があるらしい。僕が、力士は「最後の本物のサムライ」だと言うと、彼は小ばかにしたように笑ってそう反論した。でも、そうは言いながらも、僕らが日本へ発つ前に、彼はある重要な情報をくれた。日本人の仲介者――つまり、僕が会いたい人物への正式なアプローチを知っている人で、そういう社会の入り口に立ちはだかる門番にお目こぼしをしてもらうしきたりを理解している人が誰かいれば、何とかなるというのだ。

その誰かというのが、共通の友人を介して知り合った、アメリカの新聞社の東京支局でリサーチの仕事をしている女性、エミコ・ドイ――愛称エミ――だった。1億2700万人の日本の国民のなかに、彼女よりもこの役目にふさわしい人物がいるとは思えなかった。しかもエミは、食べ物の知識が豊富なうえに食べ物を愛していて、日本人女性にしては珍しく食べることが大好きだったから、なおさらぴったりだった。

僕らはその日（日本に来て3日目）、池上駅前でエミと待ち合わせた。僕は緊張していた。何だかブラインドデートみたいだったし、妻や子どもたちが一緒だったから余計に妙な気分だったが、エミが温かく出迎えてくれたので、僕らの緊張はすぐに解けた。エミは、ほっそりとしてエレガントな、僕よりふたつばかり年上の独身女性で、宝石や真珠をぶら下げるのが大好きらしい。僕が家族を連れてきているという事実を知ったら——プロのジャーナリストならば、普通はあり得ない——エミはどんな反応をするかと心配だったが、彼女はとても嬉しそうにエミルとアスガーを抱きしめてくれた。

エミは10代の頃にカナダで暮らした経験があったので、欧米風のひと味違う考え方に理解があり、おかげで僕らはその後もずいぶんと助けられた。しかも、彼女は恐ろしく有能で、来日前にeメールでやり取りしていたときから、僕が何を求めているかをいつも的確につかんでいた。僕自身でさえ、ほとんどの場合把握できていないというのに。僕のむちゃなアプローチや、しょっちゅうやってしまうエチケットを欠いた行いを、内心ではとがめていると感じることもあったけれど（たとえば、僕が名刺を忘れるたびに、彼女は口をぎゅっと結んでいた）、エミはどこまでも寛大で聡明なガイドだった。

神聖なる相撲部屋——力士の住まいでもあり、トレーニング・キャンプでもあるところ——の訪問を奇跡的にアレンジしてくれたのも、エミだった。

尾上部屋は、池上の穏やかな住宅街にある。周辺には、ごく小さな前庭がある低層の住宅が、歩道のない道沿いに立ち並んでいる。尾上部屋自体も小規模で、わずか8人の所属力士の他に親方(かつて活躍した力士)とおかみさんとふたりの小さな息子がいるだけだ。建物はまだ仮設で、チップボードで作られた貸し倉庫のようなところだった。シガレットペーパー程度の間隔で並ぶコンクリートの小ざっぱりした建物に挟まれた部屋は、外から見るとまるで共用の物置だ。なかは、茶色い土の土俵がかろうじて収まる大きさで、僕らは一段高くなっている木製の台に腰を下ろした。片隅にウェイトがいくつか置いてあったが、他にはトレーニング用の器具は見当たらなかった。

その日、池上へ向かう途中の山手線は、座っている僕らの顔の前に大勢の通勤客のお尻が迫ってくるほど込み合っていた。アスガーは僕の膝に、エミルはリスンの膝に座らせて、貴重なスペースを無駄遣いしないように気をつけた。そして僕は、アスガーとエミルに、相撲取りと相撲という競技について説明してみた。

「いいかい、相撲っていうのはね、すごく、すごく太ったふたりの男がするんだ。ほら、ケーキ屋さんのローランさんみたいなんだけど、もっと大きいんだよ」

エミルが目を真ん丸にした。「もっと?」

「そう、もっと。ものすごく太ってるんだ。それとね、普通、相撲では塩を投げて、太ももを自分でぱちんと叩く。そしたら合図があって、お互いが相手を押し倒そうとする。そうそう、相撲取りはみんな裸だ。えっと、そうだな、おむつみたいなものだけしか着けていないんだ」

その一番最後の情報を得たとたん、ふたりはうそだというように、くすくすと笑い出した。だまされるもんかという抵抗は、1分ばかり続いた。パパのいつもの悪ふざけだ、そうに決まってる(車は歌の力で動くんだって言ったときみたいに)。

だから、僕としては、実物を目の当たりに示してやることができて、してやったりという気がしていた。僕らが座らせてもらったのは、畳敷きの一段高くなった部屋で、頭の上には、大きくてフラットなテレビのスクリーンがあった——そこは、力士たちのリビングルームでもあり、食堂でもあり、寝室でもある。アスガーとエミルは、力士たちが稽古を続ける間、僕とリスンの後ろで両耳に指を突っ込んだまま小さくなっていた。ひとりかふたりの力士が僕らに気づいて、顔を見合わせていたが、他の力士たちは定められた稽古に余念がなく、ポロシャツ姿の尾上親方(元小結・濱ノ嶋)は、土俵の周りを行ったり来たりしていた。

「不思議だけど、すごくきれいだわ」リスンがそうささやいたので、僕は変な顔をしておいた。「きっと、マワシが猛烈に食い込んでるよ」僕もそうささやいたが、リスンはお構いなしに、彼らが身体をかがめたり、伸ばしたり、押したりしてシャドウズモウをするのを魅入られたようにじっと見つめていた。ぶつかり稽古という練習では、土俵のなかで構えるひとりの力士に別の力士がぶつかっていって、まるで大きな箪笥を押すように、構えた力士を土俵の端から端まで押していく。

恐ろしく厳しい練習で、押す側はみな最後には倒れて土俵に這いつくばり、激しく咳き込んだり、辛そうに叫んだりするのだ。

相撲には体重別の階級がなく、身体の大きさや体格に関係なく対戦が行われる。そして、体重がとびきり重いからといって、必ず勝つとは限らない。230キログラムのスモウ・モンスターというニックネームの力士に小さな力士がぶつかっていって、壁まで突き飛ばす場合だってある。23歳のエストニア出身の力士の番になった。把瑠都《ばると》というしこ名のこの力士、カイド・ホーヴェルソンは、体重は175キログラムしかないが、角界で人気上昇中のスターで、部屋のなかでもひとり抜きん出た存在だ。彼は、息ひとつ乱さずに、同部屋の5人の日本人力士たちを片づけていった。そのうちのひとりは、土俵の端から端まで押されたあげく、そのままガレージのような稽古場の入り口を出て、見物人がいる表の通りまで押されていった。アスガーが、とても信じられないというように言った。「うわぁ、今の見た?」

稽古が終わると、力士たちは部屋の隅にある流しで長い柄のひしゃくを使って手を洗い、のしのしと集まってきて自己紹介を始めた。アスガーとエミルに興味を持ってくれたのは間違いない。エミルは僕の足の後ろに隠れたが、アスガーは、ピンク色に肌を染めた汗まみれの巨体たちに手を差し出した。把瑠都が片方の肩にアスガーを担ぎ上げ、エミルが前へ出ていくと、肉づきのいい大きな手でもう一方の肩に載せた。スモウ・モンスターも、堂々と英語で自己紹介した。「世界一重い相撲取りです」

把瑠都は、来日して4年になると話してくれた。「まだティーンエイジャーだったなら、カルチャーショックが大きかっただろうね」と僕は言った。「最初は苦労しましたね。食べ物が口に合いませんでした。外国から来た相撲取りは、みんなそうですよ」彼はそう答えた。若い力士が先輩力士に殴られるのは、ごくあたり前のことらしい。その週、日本では、別の相撲部屋の17歳の新弟子、時太山の事件の記事が新聞紙上に溢れ返っていた。時太山は、稽古中にいじめによる暴行で死亡し、そのことが名古屋場所にもよくない影響を与えていた。報道のおかげで、多くの人が相撲部屋のなかを垣間見るまれな機会を得たけれど、その中身は衝撃的だった。若い力士たちは朝4時に起床して掃除と朝食の準備に取りかかり、日中は外の世界に触れることはめったになく、日付が変わってから寝床に入る。彼らの生活は、すべて部屋の仕事で占められているのだ。

時太山は、30分に及ぶぶつかり稽古を行ったあげく、心不全で亡くなった。解剖の結果、鼻骨と肋骨が折れていて、火のついたたばこを身体に押しつけた、いわゆる「根性焼き」の跡があり、激しい暴行を受けていたことがわかった。6月中だけで三度部屋を脱走したが、父親に送り返されていた。

把瑠都の場合も、外国人であるというハンディがあるだけに、やはりたいへんだったはずだ。外国人力士——ほとんどが、モンゴル、ブルガリアなど、よく似たレスリングの伝統がある国の出身者——の登場は、相撲という競技が始まって以来唯一の大きな変革で、論争の火種でもある。外国人で最初に大きな快挙を成し遂げたのは、サモア系でハワイ出身の、体重284キログラムを誇った小錦だ。1982年に初土俵を踏んだ彼は、その後、最高位から2番目のランク、大関に達した。小錦はビールを100杯飲み、にぎりを70貫食べるといわれていたが、痛風と胃潰瘍に加えてひざの故障に苦しみ、1997年に引退した。その後、同じハワイ出身の曙が、小錦が到達した位を追い抜いて最高位の横綱になったが、相撲協会は相変わらず外国人力士が日本人力士と同等の、あるいは日本人力士を上回る地位に就くことを認めたがらず、海外出身の力士たちも、規則がなぜか変えられて、自分たちが上位を独占できない仕組みになっていると知った。ちょうどその頃、誰よりも有名な力士、モンゴル出身の朝青龍が、故郷のウランバートルでサッカーに興じる姿がYouTubeにアップされて話題になっていた。本来なら、日本にいてさまざまな義務を果たしていなければならないのに、本人はけがの治療のために必要だと主張して帰国してしまい、外国人力士の立場の向上にはまるで貢献していない。けれども、そういうことがいろいろとあっても、把瑠都のように、1億円ともそれ以上ともいわれる上位力士の年俸に魅力を感じて外国からやってくる力士は後を絶たない。

昼ごはんの時間になった。僕はこのときを待っていた。

力士たちは、交代でみんなの食事を作る。この日はスモウ・モンスターが当番で、彼はまわしだけをつけた素っ裸の姿のままで、昼食を用意するために台所へ向かった。

「こっちへおいで、俺たちの戦いの場を見てみないか？」

把瑠都がそう言って、アスガーとエミルを呼んだ。エミルは慌ててリスンの後ろに隠れたが、アスガーは恐る恐る靴を脱いで土俵へ向かった。驚いたのは、把瑠都が腰を落として取組前の姿勢を取り、アスガーにも同じようにしてごらんと促したことだ。アスガーが、困ったように僕らの方をちらりと見たので、僕は大丈夫だとにっこりうなずいて合図した。息子が体当たりしていくと、把瑠都は気前よく茶色い土の上にひっくり返り、両足を上にあげて見せた。アスガーは、口をあんぐり開けて自分の強さに呆然とし、把瑠都の方は土を払い落としながら、6歳の子どもに負けてショックだというように頭を振っていた。

それから、彼が土俵際で股割をするのを見て、柔軟性も相撲取りにとっては重要な資質なのだとわかった。ふと外に目をやると、日本の旅の記憶はおぼろげにしか残らないだろうと思われるエミルでさえ、決して忘れられそうにない光景が見えた。ひとりの力士が、ぐるぐると輪を描きながら自転車に乗っているのだ。サーカスの象を思い出した。

スモウ・モンスターのえくぼのようなくぼみがある太腿にくっついて行って、2台の冷凍冷蔵庫にほぼすべてを占領されている小さな台所へ入った。相撲取りの食事の秘密がついに明かされると思うと、心臓が本当にバクバクし始めた。僕が昼の献立に興味を持っていると知って喜んだスモウ・モンスターは、これから相撲部屋の伝統的なホットポットである、ちゃんこ鍋を作ると説明してくれた。「種類がいろいろあるんですよ」彼はそう言った。「10種類くらいですかね。みんなが当番で作るんで、それぞれに得意なのがあります。これは、鶏肉の醤油ちゃんこです」彼は、大根とにんじんを鉛筆を削る要領で切って（「そぎ切り」というらしい）醤油色の湯がぐつぐつと沸騰している鍋に入れ、しゃくしに半分ほどの塩を加えた。ちゃんとしたレシピがあるのだろうか？「いや、男の料理なんで、細かいことは気にしてません。大事なのは、たっぷり作るってことです——ちゃんこ鍋はそれで発展してきました。昔の相撲部屋はもっとずっと大きくて、１００人ほどいるところもあったから、ひとつの鍋で大勢が食べられる料理が必要だったんです」

スモウ・モンスターがちゃんこ鍋に没頭している間に、僕はふたつの冷蔵庫をそっと覗いてみた。期待していたケーキやチョコレートは見当たらず、スイートコーン、豆腐、鶏肉、野菜類がぎっしり詰まっていた——まさに健康的な食材の陳列棚だ。僕には、ちょっとがっかりだった。

スモウ・モンスターは、プロの力士になる前は経済学を学んでいたと明かしてくれた。僕は、この世界は金持ちになれるのかと訊いてみた。「９００人の力士のうち、大金を稼ぐのは70人ほどですよ。自分なんて、今も金の心配してますから」彼は、鶏肉を切って、鍋に入れた。それから、数分間煮込んで、今度は白菜を入れ、豆腐を入れた。「豆腐ってのは、こうやって手の上で切らないとダメなんです」彼はそう言うと、大きな手のひらをまな板代わりにして豆腐を切ってみせて、最後にしいたけとえのきを鍋に入れた。「こうしないと、みんな崩れちゃうんでね。固いものを先に煮てから、あとで柔らかいものを入れるんです」

畳の部屋に戻ると、リスンが、みんなで一緒に昼ごはんを食べましょうと、親方とおかみさんから誘いを受けていた。僕らが、低い食卓の前に座ろうとすると、親方が自分のそばに来るように手招きした。

「みんな、息子みたいなものですよ」親方は、部屋のなかを動き回る力士を指してそう言った。土俵に水をまいている力士もいた。それと、後でわかったことだが、力士たちは僕らが食べるのを待っていた。僕らが食べ終わったら、みんなが食卓について箸をつけるのだ。「大切な息子たちなんでね。うちでは、家族同然の暮らしをしています。家内はみんなの分も洗濯をしますし、みんなこの部屋で寝て、私の子どもはみんなにとって兄弟のようなものです。（自分の）息子たちには、みんなが働いてくれるからうちは食べていけるんだと教えています」

僕が、冷蔵庫にチョコレートがなくてがっかりしたと言うと、彼は笑った。「身体をこのサイズにするには、肉や魚と一緒に炭水化物を摂るのが一番いいんです。もちろん、稽古をしたうえでのことですがね。ただ太るのではなく、けがをしない筋肉を作り上げなきゃなりませんから。でも、相撲取りの食事は変わってきました。たとえばソーセージのような輸入品も食べるようになっています。昔のソーセージは、たいがい魚が原料だったんですがね」

力士は、10代で入門してほとんどが30代前半で引退する。でも、なかには47歳の現役力士もいる。尾上親方は、引退してまだ3年しかたっていないということだが、すでにけっこうスリムになっているように見えた。引退してから、約30キログラム減量したそうだ。高い地位の関取だったことがわかる部分は、今ではカリフラワーイアー（いわゆる餃子耳）だけしかない。どうやって、それだけの体重を落としたのだろう？「引退してから食事、特に炭水化物を減らしただけですよ。もう、さほどエネルギーを必要としないので、食欲も自然に落ちました。力士時代から、糖尿病を患っていたということもあるのでね」

糖尿病は力士がかかりやすい病気のひとつで、その他、高コレステロール、高血圧、心臓病などを招く危険性も高い。１９９０年代に、相撲協会は力士の健康管理を行うために健康診断の体制を整え、状況は改善された。力士たちが後半の人生で悩まされる病気の多くは、現役時代にパフォーマンス強化のためのドラッグを使用したことが原因となっている。相撲では薬物検査は行われておらず、ステロイドやそれに類するドラッグの使用が広まっているようだ（現在は分化会を設置し、ドーピング防止に向けた取り組みが行われている）。力士は、自転車競技の選手のように、成功のためなら身体がどんなストレスを受けても構わないと思っているように見受けられる。かつては、力士の余命も一般の日本人の平均余命と変わらなかったのに、一般の人が次第に長生きするようになる一方で、力士の平均余命はいまだに50代半ばから60代前半辺りだ。ところが、それなのに、近年の研究によれば力士の脂質の値はとんでもなく高いわけではなく、尿酸や糖は標準値で――僕のような普通のデブは、高い値なのに――むしろかなりの健康体らしい。

料理が並べられた。どちらかといえばヘルシーな献立だが、ものすごいスケールだった。タンパク質たっぷりのちゃんこ鍋だけでなく、オムレツ、ご飯、カクテルソーセージ、それにスパムの炒め物があった（相撲取りは伝統的に、四足の動物を食べない。なぜなら、力士にとって四足になることは負けを意味するからだ。加工した豚肉なら、問題はないみたいだ）。僕らは軽く箸をつけるだけにして、力士たちが当然の褒美であるごちそうを楽しみ、昼寝ができるようにした。

その日、尾上部屋の稽古が特別に厳しかったのは、9月の第1週目に始まる大相撲九月場所の初日を翌日に控えていたからだった。僕らもその大相撲を見るために、翌朝は早起きをして電車に乗り、川を超えて、東京の東にある両国まで行った。両国は、約200年前から、相撲が行われていた場所であり、現在は大相撲の興行のための施設、国技館がある。国技館の入り口付近には、さまざまな色ののぼりが立ち並び、大勢のファンが到着する力士に群がっていた。入場券の売り場に並んでいると、明らかに底がたわんだタクシーから4人の力士が這い出てきた。みんな派手な花柄のキモノを着て、油をたっぷりつけた髪を完璧に結い上げている。シルバーバックのゴリラが、ハワイの空港にいる歓迎団に扮しているみたいに見えた。

これまで、テレビで相撲を見ても、特に心を奪われはしなかった――小さなスクリーンで見るせいか、どことなくこっけいに見えていた。でも、国技館の赤い座布団の上であぐらをかいて本物の勝負を直に見たら、すべてが納得できた。まず、勝負が始まる前の、お決まりのしぐさがいい。土俵にのっしりと上がったそれぞれの力士は、股の前に下がっている棒みたいな「さがり」をさばき、身体に留まっている蚊を叩く要領で自分の腿やまわしを叩き、両ひざを深く曲げる。それから、何よりもびっくりするような儀式が始まる――取組が始まるまで、それぞれの力士が腰を割って戦いの準備ができたという姿勢を取りながら、相手よりも心理的に優位に立とうとするのだ。力士たちの片手の拳が土俵につき、もう片方の手も地面につく――これが戦いの始まりの合図だ――かと思いきや、呼吸が合わなかったのか、ひとりの力士が何ごともなかったかのように立ち上がって相手に背中を向け、顔を拭って、塩をまいて、腿を叩いてと、すべての不思議な動作をまた繰り返す。彼らは4分間に5、6回仕切り直し、通の観客は相撲独特の思わせぶりな立合いに拍手喝采する。

いったん戦いが始まると、たいていは数十秒で勝負がつくが、その間にも、スリリングな瞬間が何回かある。ふたつの巨体が互いをはたき合い、押し合って、あげくの果てに折り重なって倒れると、でっぷりした脂肪の大きな山みたいになる。さあ、どこからでも来い！（土俵の周りに頑丈そうな綱が敷いてあって本当によかった）。勝つためのテクニックは、女性が怒ったときにやるような平手打ちをしたり、真っ向から取っ組み合ったままどちらかがすきを見せるまでじっとがまんしたりと、さまざまだ。その場所で後日優勝を果たすことになる力士〔横綱白鵬〕は、対戦相手を軽々と持ち上げて、大きな樽を運ぶみたいにして土俵の外にどさっと置いた。

観戦の後は、アスガー、エミル、リスンと一緒に、国技館のそばの相撲レストランにお昼を食べに行った。その店、**吉葉**は、かつて相撲部屋だったところを店舗にしていて――前日に僕らが訪問した相撲部屋よりもずっと大きい――力士だった人が大勢働いている。店に入ると、そういう元力士が、相撲の漫才らしきものをやっていた。数人の客が、ストリップダンサーにする要領で、彼らのまわしに1000円札を押し込んだ。やがて、僕らが注文したちゃんこ鍋が湯気を立てながら運ばれてきた。前の日に食べたちゃんこより上品で、シイタケ、車エビ、フエダイ、帆立て貝、豚肉、鶏肉、メカジキのつみれ、芋麺、油揚げ、卵焼きなどが入っている。すばらしい料理だ。日本の鍋物や汁物は、どれもとてつもなく熱いけれど。僕以外の3人がお上品に適量で食べ終えてからも、僕はひとりでずっと口に詰め込んでは飲み下し、胃がパンパンに張っていった。もうこれでおしまいにしようと決意した瞬間、お店の人が山盛りの麺を運んできて鍋に入れ、手にしていた箸で手早くかき混ぜた。

残念だけれど、もうやめておかないと。これ以上は無理だ。もうこれ以上の相撲サイズにはなれない。今のところは。

4 世界的な有名番組――東京 3

僕は、日本一有名な5人組のひとりと握手している。彼の名前は、タクヤ・キムラ‼……⁇

いや、まあ、僕も彼のことは知らなかったけど。

ディズニーランドのお城みたいに、作り物の石垣や、パステルカラーや、大げさな花や、ステンドグラスなどで飾り立てたスタジオ内の僕のすぐ横には、小学生も、お父さんも、お母さんも、おじいちゃんも、おばあちゃんも、北海道から沖縄まで日本中の誰もが知っている他の4人のメンバーがいた。彼らの名前は、中居正広、稲垣吾郎、草彅剛、香取慎吾だ。心当たりはあるかな？

その日は、相撲を見に行った翌日だった。東京に来てまだほんの数日だったが、またもやエミは、僕でさえはっきりとわかっていないというのに、僕が求めるものをなぜか察知していた。食べものや料理、レストラン、食材の生産者に関する番組がやたらと多いところを見ると、おそらく日本人はイギリス人やアメリカ人を凌ぐほど料理番組好きなのだろうから、その謎を解き明かしたいと何となく話したことはあった。ある試算によれば、日本で放送されているテレビ番組の実に40パーセント以上が「フードテレビ」の分類に入る――無名の職人肌の生産者を紹介するまじめな番組もあれば、世界的に知られている騒々しい料理コンテスト番組、『料理の鉄人』(残念ながら、もう制作していないが、再放送はされている)もある。この数日間の僕自身の体験でも、その試算と同じような実感がある。テレビをつけて2、3回リモコンのボタンを触ったら、何かしら食べ物を扱う番組が現れるからだ。

マイナーなケーブルテレビでも構わないので、番組制作者に会って、収録の様子をひとつふたつ見せてもらえればそれでいいとぼんやり考えていたが、エミはもっと大きなことを計画してくれて、おかげで僕は、過去10年で日本一の人気を誇るテレビショーの収録で、唯一の部外者としてスタジオに入れてもらえることになった。

僕はSMAP――「Sport, Music, Assemble People」の略らしい――のことも、その構成メンバーのことも耳にしたことがなかった。シンガー・バンドの5人の少年が、今では30歳を過ぎて、テレビのトークショーの司会をしたり、料理番組をやったり、映画に出たりしているが、ライバルのいない彼らは今も日本一のテレビ界のスターだ。ここ12年以上、この5人の若者は、日本のあらゆるエンターテインメント――Jポップ(思考停止したような10代の女子たちの受けを狙う、パッとしない和製ポップミュージック)、テレビ番組、それぞれが出演する映画など――を征服してきた。彼らは、計り知れないほどの財産を築くと同時に、何百万人もの一途で熱狂的なファンを獲得し、ハリウッドスターを凌ぐほどの名声を得た。むしろ、ハリウッドスターの方が、日本で宣伝活動をするならまずは「ビストロSMAP」に出演しなくてはと認めるほどだ（最近出演したゲストはマット・デイモン、マドンナ、キャメロン・ディアス、それにニコラス・ケイジ）。「ビストロSMAP」は、日本で一番の料理のコーナー——彼らのバラエティ・ショー『SMAP×SMAP』のなかのコーナーのひとつ——であるのはもちろんのこと、それ自体が文句なく日本一のテレビショーで、ほぼ毎週3000万人近くが視聴していて、その状況は過去10年以上ほとんど変化していない。東京の街をほんのちょっと移動してみれば、地下鉄では彼らの顔を使ったポカリスエットというつまらない名前の甘い「スポーツ」ドリンクの宣伝が目に入るし、森タワーのそばの高い広告塔には日本航空の宣伝があるし、彼らが出演しているテレビドラマや映画の宣伝もいたるところにある。

僕はかねがね、その国の趣や方向性を知りたければ、世界的に活躍しているスターではなく自国で人気のスターを見た方がはるかによくわかると思っている。たとえば、クロード・フランソワ〔フランスのシャンソン歌手、作詞・作曲家〕やノーマン・ウィズダム〔イギリスの俳優、コメディアン〕が、まさにそうだ。SMAPが日本について教えてくれたことは何か？　何よりもはっきりしているのは、日本人は、器量がよくて行儀がよくて健全な若者が好きだということで、ボーイズバンドは一斉に右へ倣えでそういう型に納まり、誰もがバラードを歌うときにはしんみりとした表情になり、ラップになればリズムよくステップを踏む。でも、ＳＭＡＰは、バックストリート・ボーイズ張りの振りつけを真似して洗練させただけのバンドじゃない。彼らは「ビストロＳＭＡＰ」を通じて、何世紀も前から続いてきた、家庭では誰がエプロンをつけるべきかに関する日本のしきたりを、完全に打ち破った。テレビのショーと、７冊も出ているスピンオフのレシピ本によって――つけ加えておくと、有名人の料理本としては世界一よく売れている――彼ら５人は日本の男性に、家で料理をしてもいい、男が麺を炒めたり丁寧に作った刺身を細切りの大根の上にきれいに並べたりしても恥ずかしくなんかないとわからせた。今では、かつてないほど多くの日本人男性が家庭で料理をするようになったが、その大きなきっかけのひとつはＳＭＡＰだ。彼らは、現代の日本の食文化にとても強い影響を与えたといえる。

とはいえ、どんな魔法を使えば、日本の人口の４分の１にあたる人々が、毎週月曜日の夜10時になるとテレビにかじりついてこの番組を見るのだろうか？　僕は、自分でその謎を解こうとした。

支配人であり、料理に加わらないホスト役の正広が、２階建てのビストロを模した馬蹄形のセットの２階部分に姿を見せる。黒のベストと黒のズボンに白いシャツを着ている。バンドの他のメンバーは、シェフの衣装を着けてコック帽をかぶり、ふたりひと組に分かれて下のキッチンに陣取る。

僕はセンターカメラの後ろにいたが、ふと1歩下がった拍子にケーブルにつまずき、フロアディレクターにじろりと見られた。ステージの袖にいた、メンバーのなかでもひょうきん者の慎吾が不思議そうな顔でこっちをちらりと見たが――僕はそのスタジオにいるただひとりの西洋人だったから――次の瞬間、ウィンクして手を振ってくれた。ちょうど、ディレクターがカウントダウンを開始するタイミングだった。僕は、慎吾に微笑み返した。ほんの15分前まで、彼のことはまるで知らなかったが、こうして日本のバラエティ番組の帝王と触れ合えて、不思議と幸せな気持ちになった。

正広が、2階の扉から入ってきたその週のゲストの俳優夫妻を紹介し、テーブルに案内した。正広の最初の言葉で、現場スタッフからやけに大きな笑い声が起こった（僕のすぐそばに立っていた男性の役目は、あらゆるコメントやジェスチャーに対してできるだけ大きな声で笑うことらしかった）。どうやらホストはゲストの俳優夫妻の友人で、ふたりの家を訪問したことがあるらしい。「ちょうど僕らが売れ始めたころで、お宅へポルノを見せてもらいに行ったんですよ」正広がそう言うと、みんなが笑い、奥さんの方は色っぽくクスクスと笑っていた。正広は、いつもと同じように、ゲストに何が食べたいかを尋ねた。「当ビストロにはメニューは一切ございません。お好きな料理を言っていただければ何でも作らせていただきます」ゲストふたりのオーダーは、「野菜たっぷりの中華料理」だった。材料はすべて、すでに準備され、調理担当の4人のメンバーがいる階下のキッチンに並べられていた。

4人が料理をする映像の合間に、「奥さんを愛していますか?」なんて、ホストが手厳しい質問をする。画面には映らないプロのシェフたちがときおり指示を出すが、SMAPの若者たちが実際に、みごとな自信と腕前で料理を作っているのは間違いない。

「ええ、彼らはこの12年余りで6500食以上作ってきました」収録が終わってから食堂で話をした番組プロデューサーはそう教えてくれて、料理もメンバーが自分たちで考えているのだと明かした。「アメリカ人やイギリス人のゲストの反応はどうですか?」僕はそう訊いてみた(いかにも日本らしい趣向の奇抜なテレビ番組だから)。「気に入ってくれますよ。ニコラス・ケイジは、ウルフギャング・パックよりもおいしいと言っていましたし、二度来店しているキャメロン・ディアスは歌ったり踊ったりしました! マドンナは慎吾のしゃぶしゃぶが大のお気に入りです。初めは、みんなまったく料理ができませんでしたが、彼らは進んでチャレンジしました。歌って踊れる彼らが、料理もできるようになりたいと思ったのです。米のとぎ方やキャベツの切り方を教わるところから始めたんですからね。誰かに感心してもらいたくてやったわけではなく、純粋にチャレンジしたくてここまで来ました。今では、メニューの考案にも参加しています。新しい料理を考えるのが好きみたいですね。彼らは、音楽でも同じように創造性を発揮しています。最初は僕らも気づきませんでしたが、若い男性が料理をするという、まったく新しいトレンドが生まれました。日本には、男子厨房に入るべからずという格言がありますが、SMAPがそれを完全に覆したのです」

この成功の秘密は、何なのか？「ひとつは、彼らがビートルズに似ていることです。それぞれが、一般の人が親しみを持つような、はっきりとした個性を持っています（隣の家の男の子みたいとか、クラスの人気者とか、兄貴とか、反逆児とか、かわいいやつとか）。もうひとつは、番組を作るうえで一番大切なことですが、彼らがスタジオで精いっぱいゲストをもてなそうとする気持ちです。彼らは本心からゲストに喜んでもらいたいと思っていて、それが視聴者にも伝わるのです。これこそ、この番組の秘訣です。ＳＭＡＰは料理を通してコミュニケーションを図り、それがどんどん大きくなって世の中全体に伝わっていくのです」

スタジオの話に戻ろう。しばらくすると、ホストがゲストを階下へ連れていって、他の４人が一心に料理をしているキッチンを歩き回る。さらに、ほのぼのとしたやり取りがいくつかある。やがて上の階へ戻ると、料理――赤チームは、クリームロブスター焼きそばと豚骨スープ、黄色チームは豆腐、牛タン、フカヒレ、ほうれん草、レタスが入ったオニオンソースの焼き飯――が運ばれてきて、それを食べたゲストがどちらのチームが勝ちかを決める。どれもこれも「おいしい」という言葉が出たが、このときの勝者は黄色チームだった。

慎吾が突然女装して現れた。タータンチェックの短いスカートに長い髪のかつらをつけて歌を歌う。たぶん、ゲストの奥さんの方がかつてアイドルだった頃の歌なのだろう。みんながお腹を抱えて笑った。彼が何を話しているのかさっぱりわからなかったけれど、それでも、おもしろいやつだと感心せずにはいられなかった。まるでバスター・キートンみたいな雰囲気があって、しかも表情の作り方が実にうまい。正広もカリスマ性があり、芯が強くて、若い頃のビリー・クリスタルみたいにエネルギーの塊だ。でもその他の3人は、僕から見ると煮え切らない感じだったり、しかめっ面だったり、ぼんやりしている風だったりで、あまり目立っていなかった。

テレビの料理番組はたいていそうだが、カメラが止まった瞬間、クルーが残った料理に飛びつき、出演者はすぐさま引き上げる。でも、剛——隣の家の男の子——だけは別だった。片隅に静かに腰かけて、クルーが周りを片づけ始めているにもかかわらず、丼のご飯を平らげている。僕が近づいていって自己紹介すると、彼はにっこりした。「すばらしいショーだね」僕はそう言った。すると彼は、また微笑んだ。僕が話した英語を理解してくれたかどうかはわからなかったが、いずれにしても、食べているところを邪魔するのは悪い気がして、その場を離れた。

フジテレビの外で待ち構えている100人ほどのファンをかき分けて、僕はマンションへ戻った。リスンとアスガーとエミルは、その日の午後、代々木公園で遊んでからお寺をいくつか回っていて、僕が有名人と会ったと聞いてもたいして驚かなかった。僕は、日本のアイドルはなかなかいいと感心するばかりだった。バステッドに、しゃぶしゃぶが作れるか？　それは無理というものだろう。

5 特上級の天ぷら――東京 4

東京のビジネス街は、はつらつとして活気があふれ、そびえ立つビルの谷間の迷路は、取引や儲け話に熱心な人たちの声でざわめいている。でも、それは平日だけで、週末になると街は閑散とする。まるで、砂漠のタンブルウィードが風に飛ばされてどこかへ行ったみたいだ。巨大なミヤマガラスがハゲワシのように頭の上を舞って、ますます砂漠らしい雰囲気が増す。つまり、どういうことかというと、道を尋ねたくても人っ子ひとりいないのだ。迷っているというのに。友人のトシが、東京で一番の天ぷら屋だと断言した店が見つからないというのに。妻と子どもたちは、暑さでしおれ切っているというのに。「もうすぐだよ……」とか、「この辺りだよ……」とか言いながら、もう1時間も歩き回っていた。しかも、後半の30分は、エアコンの室外機と同じくらい重い、うとうとしている4歳児を肩に載せて腰を曲げながらだ。

誰でも知っているのかもしれないが、東京の番地は、数字の順に並んでいるのではなく、建物が建った順につけられている。だから、たとえば、ヨーコ・オノ・アベニュー1番地が通りのなかほどにあって、そのすぐ隣は３００５番地、通りの反対側は80番地なんてことがあたり前のようにある。どんなものでもちゃんと配達してもらえるのは東洋の大きなミステリーのひとつで、すごいことだけど、小さな料理屋の名前も番地も表に出ていなくて、握りしめたしわくちゃのメモと照らし合わそうにも、漢字の看板さえなく、料理屋らしきものだという証拠が何もないとしたら、もう探すのは断念した方がいいかもしれない。

僕らはもう、ほとんど諦めかけていた。冷静に考えれば、見つかりそうにない状況がずっと続いていたのだから、もっと早く諦めていてもおかしくはなかったが、そのとき、突然どこからともなく、小柄で、しわだらけで、白髪交じりの髪を短く刈り込んで、ふたつ折りになるくらい腰が曲がり、手には節くれだった杖を持ったおじいさんが目の前に現れた。僕は大急ぎで、しわくちゃのメモをおじいさんの鼻先に突き出した。すると、おじいさんは震える手でメモを受け取り、何度も方向を変えて眺めてから、くるりと向きを変えてついてくるように手招きした。左に曲がってから右に曲がり、通りを渡る――やがておじいさんは、鉢植えとビーズ玉のようなカーテンに隠れた戸口の前で止まり、手のひらを上に向けてそこを指した。僕は、ここが探していた天ぷらのヴァルハラ〔北欧神話の主神オーディンの宮殿〕なのかと一瞬かたずを呑み、カーテンをくぐって、なかにいた店員にメモの紙を振ってみせた。店員はうなずいて、メニューをくれた。リスンと子どもたちも、僕に続いて店内に入ろうとした。僕は、おじいさんにお礼を言おうと振り返った。ところが、おじいさんの姿は、跡形もなく消えていた。彼は幽霊だったのか？　ただの幻影だったのか？　僕ら4人の絶望が重なり合って蜃気楼が現れたのか？　僕らの強い願望で彼の姿が現れたのか？

そうじゃない。目を下に向けると、おじいさんはちゃんといた。微笑んでいる。僕はお礼を言って、彼よりも頭を低くしてお辞儀をしようと努力し、一緒に食べませんかと誘った。でも、彼は激しく首を横に振り、アヘン窟に誘われるのはごめんだと言わんばかりに手を振ったので、そこで別れることにした。

ちょうどランチタイムが終わる頃で、僕らの他には、カウンター席にビジネススーツの女性がひとりいるだけで、小さなオープンキッチンのなかの料理人が直接料理を出していた。横にある小さな畳の部屋に案内されて畳の上に座ろうとすると、僕の関節がポキポキと鳴った。その関節の音は、日本にいる間ずっとついてまわることになる。

注文したのは、シラス、イカ、ウナギ、エビだ。エビの頭は後から出てくると聞いて、アスガーとエミルは仰天していた。どれもこれも、絶妙の味わいだった。カリッとしていて、衣が油で光っているのに食べてみると全然油っぽくない。なかの魚は、しっとりとして熱々で、最高だ。最後に登場したのは、思わず舌鼓を打つ、小さなアサリが入った香りのいい味噌汁と、エミルの手の指先ほどのホタテがごろごろしている栗色のフリッターがご飯の上に載った、かき揚げの天丼というものだった。これが出てくるのは、食事がもう終わるという合図だ。アスガーとエミルでさえ、あんなに歩いたかいがあったと認めた。そして天ぷらは、パスタとケチャップを押しのけて、彼らの好物のトップに躍り出た。

トシは、自分の名前を出せば、料理人が話しかけてくるはずだと言っていた。

親切な計らいのように思えるが、僕はトシの援助というものを警戒する癖がついていた。出発前、日本ではどんな社会的交流をするにも、ビジネスカード、すなわち名刺がないと始まらないと言って、彼が名刺作りを手伝ってくれた。その名刺を印刷する前日、たまたま別の日本人の知り合いが下書きを見たからわかったようなものの、トシは、「マイケル・ブース　ジャーナリスト　イギリス」と書くべきところを、「助けてください、私は読み書きができません」なんて書いていたのだ。

とはいえ、僕がチャンスを見つけて店員にトシの名前を伝えると、間もなく料理人が僕らのところに姿を見せた。新しい客が何人か入っていたが、厨房での仕事を見せてもらえないかと頼んでみた。

あんなにカリカリした、ちょっと太目の小枝みたいなきつね色の衣のなかに、ふわふわで熱々の野菜や魚が入っているのはなぜか。僕はその秘密を知りたくてうずうずしていた。イギリスのフィッシュ＆チップの衣と、どうしてこんなにも違うのだろう？　フィッシュ＆チップの衣は、ぺったんとして油でべとべとで、中身はたいてい火が通りすぎている。

「魚の知識があるかどうかで決まります」料理人は狭いオープンキッチンのなかで、そう説明してくれた。火にかけた油の熱気で、顔がほてってくる。「それから、野菜ですね。季節と。油もね。それに、衣。私は10年修行しました。衣を混ぜるのを許してもらったのは、つい1年前です」

僕はランチタイムの間に、何とかしてマスターしたかった。辻静雄の本には、「もともと揚げ物の技術は、何世紀も前にヨーロッパや中国から日本に入ってきたものですが、日本人はそれを最高に洗練された料理に高めたのです」と書いてあった。そして、そこから先には、できあがった天ぷらを載せる紙の折り方が念入りに記されていた。すごいこだわりだ。その日、その料理人も、ちゃんと秘訣を教えてくれた。まずは衣だ。材料は、小麦粉と水と卵だけだが、水は冷たく冷えていないといけない。彼が使う粉は、彼のオリジナルのブレンドで、ベーキングパウダーや米粉が入っている。そして卵は、日本の濃厚な卵を使う。ボウルに入れるのは、粉、水、卵の順だ。作った衣は直ちに使う（フィッシュ&チップスによく使うビール入りの衣のように、冷蔵庫で寝かせたりはしない）。もうひとつの秘訣は、何があっても絶対に衣を混ぜすぎないことだ。その店の料理人は、箸でさっと混ぜただけだった。

「ボウルの縁に、粉の塊がくっついているじゃないですか」と僕は言った。混ざっていない衣の塊は、とても気になる。泡だて器を突っ込んで混ぜたくなってしまう。でも、彼は、謎めいた微笑みを浮かべて言った。「塊があっても構いませんよ。それを箸で油のなかへ入れて、温度を確かめるんです。ころもを混ぜたりつけたりする箸と揚げる箸は別にして、使い分ける必要があります」ほとんどの料理本には、天ぷらは１８０度前後で揚げるのがいいと書いてあるが、天ぷらのエキスパートは素材によって揚げる温度を変えるらしい。その理由を彼が説明してくれた――たとえ油が１８０度でも、天ぷらの素材には水分がたっぷりと含まれているので、水の沸点である１００度以上で調理するのが難しいからだ。水分が多いと素材の温度は１００度以上に上がらない。だから、素材の水分は、衣をつける前にできるだけ取り除いておかなければならない。腕のいい料理人は、どのタイミングで揚げれば揚がり具合がパーフェクトになるかがわかっている――とても専門的な技術だけに、腕のある天ぷらの料理人は、他の料理は作らないそうだ。揚げるタイミングは、もちろん素材によっても、衣によっても、また、衣のつけ方によっても違う。たとえば鰻の場合、その店の料理人は、いったん衣をつけてから皮側の衣をこそげ取り、皮から直接火が通るようにするのだと教えてくれた。

僕が不満そうな顔をしてみせると、料理人は、家庭ではいつも１８０度で構わないと譲歩してくれた。つまり、衣をほんの少し油に入れてみて、すぐに浮き上がってくれば適温というわけだ（おもしろいことに、関東の人はきつね色に揚がったのが好きで、関西の人は薄い色に揚がったのを好むらしい）。

料理人は、特別に長い箸で手際よくエビを摘み上げ、使いやすいように少し傾けた陶器に入っている衣をくぐらせてから油のなかへ落した。そして、ほんの数秒後に箸でひとかきした思ったら、もう取り出した。「それでいいんですか？」僕が尋ねると、彼はうなずいた。「油はどんな油ですか、ただの植物油？」

「関東では少しごま油を混ぜますが、関西では違います。大事なのは、野菜などを一度にたくさん入れないようにすることです。そうすると、油の温度が下がって、かりっと揚がりません」

これまでさんざん懲りたおかげで、慌ててすぐに取りかかるとたいてい失敗することや、ついわれを忘れて料理を作りすぎる癖があることは自分でもわかっていた。人間の身体は、揚げ物をいくらでも食べられるようにはできていないというのに。日本人は、大根おろしを入れたつゆ（昆布と鰹節で作っただしにみりんと薄口醤油を加えたもの）に天ぷらをつけて食べる（天ぷらの通は、上質の塩しかつけないらしいが）。大根は、油っぽい食べ物の消化をよくするといわれているからだ。何かの将軍、徳川家康も、天ぷらを食べすぎて死んだと聞くが、そのせいか、日本人は昔も今も、何につけやりすぎということを警戒する。

僕は、店の料理人に「揚げマーズバー」（マーズ社製造のチョコレートバーに衣をつけて揚げた食べ物。1990年代にスコットランドのフィッシュ＆チップス店で売り出した）を説明しようとした。すると彼は、目を細めて疑わしげな顔をした。僕がノートに絵を描いて見せると、さらにうさんくさそうに眺めて、もうひとりの料理人を呼んだ。ふたりは何か話し合ってから、もっと説明してくれというように期待するようなまなざしで僕を見た。「スコットランドではね――ほら、ハギス〈羊の腸に羊肉のミンチ等を詰めて蒸したスコットランドの伝統料理〉とショーン・コネリーの国ですよ……」

「銃や聖書とともに、天ぷらもこの国に持ち込まれた」と記しているのは、16世紀半ばに日本を訪れた、日本びいきのヨーロッパの宣教師、ドナルド・リチーだ。

もちろん、ありがたいことに、宣教師団のなかにスコットランド人はいなかった。

6

ふたつの調理師学校の話　I

日本の料理界の頂点は欠員のままで、その空きを埋められそうな人物はなかなか現れないようだ。1993年に辻静雄が亡くなった後は明らかなリーダーが登場せず、誰もが認める料理界の権威――福岡ではどんなそばつゆがいいのか、鰻を焼くときにはどんな表情をするのがふさわしいのか、なんてことを的確に教えてくれる人――がいないのだ。辻の後を引き継ごうとした人は何人かいたみたいだが、結局、誰も成功していない。

現在の有力な候補はおそらくふたりいて、それぞれが、日本を二分する料理の流れを代表している。ひとつは東京を中心とする東日本、すなわち関東の料理で、もうひとつは京都と大阪を中心とする西日本、すなわち関西の料理だ。

日本を旅してみると、ほぼすべての日本料理に関東方式と関西方式のふたつの流儀があり、言うまでもなく、お互いに自分たちの調理法が優れていてもう一方の調理法は野蛮だと信じ切っているのがはっきりとわかってくる。この日本料理の基本的な流儀は、鰻の開き方から、麺を冷たくして食べるか温かくして食べるか、鮨飯をどれくらい甘くするかに至るまで、あらゆることがらにかかわってくる。

ライバル関係にある両者は、それぞれ別々の最高水準の調理師学校――各々の料理の伝統の砦――を誇りとしている。大阪にあるのは、辻静雄が創設した1960年開校の辻調理師専門学校で、現在は息子の辻芳樹氏が継いでいる。一方、東京にあるのは、1939年にそもそもの端緒を開いたとされる**服部栄養専門学校**で、現在はやはり息子の服部幸應氏が後を継いでいる。

今、日本の料理界を背負って立つと自認する人物がふたりいるとしたら、それは服部幸應と辻芳樹だ。後から知ったことだが、ふたりは仲がいいというわけではない。でも、どちらも金持ちで、高い教育を受けていて、洗練されていて、それでいて会ってみると少しも威圧感がない。ふたりは、日本料理の法王の位、すなわち、これほどまでに食べ物を崇拝する日本の、文化的かつ精神的重要性を担う地位を争っている。

21世紀初頭の日本料理は、ふたつの料理学校の話と切り離しては考えられない。まずは、服部栄養専門学校から始めよう。

服部幸應博士は、日本では辻芳樹氏よりもはるかに知名度が高い。日本人の――そして僕の――好きな料理番組『料理の鉄人』に出演したおかげで、メジャーリーガー級の有名人となった。『料理の鉄人』を一度も見たことがない人に、あの料理のコンテストショーの強烈なおもしろさを伝えるのはとても難しい。何しろ、毎回プロのシェフが、フレンチ、和食、中華、イタリアンの鉄人シェフに戦いを挑むのだから。「博士」というニックネームの服部氏は（彼は、実際に医学博士号を取得している）、メニューを考案したり、解説者として、豪華なセットの上にしつらえたバルコニーからひとりバージョンのスタトラー・アンド・ウォルドーフ（『マペット・ショー』のキャラクター）みたいに戦いぶりを批評したりして、この番組の発展に力を貸した。残念ながら、日本版の『料理の鉄人』は1999年に終了してしまったが（アメリカ版は放送が続き、ノブ・マツヒサ〔松久信幸〕などのスターを生んだ）、服部氏はその後も『愛のエプロン』などの料理番組にレギュラー出演したり、食品の多様性に関する大きなキャンペーン広告に登場したりして、引き続き世間から注目された（もちろんSMAPの番組にも出演したことがある彼の顔は、電車内の広告でSMAPのメンバーと同じくらいよく見かけた）。

最近の『ジャパン・タイムズ』の紹介記事には、服部氏は「日本一多忙な男」だと書いてあった。テレビやラジオに出演して、学校を経営し（学生数は1800以上）、新聞や雑誌に定期的にコラムを書き、しかも料理に関する本をすでに何十冊も出版している。そのうえ、この15年ほど、彼は最前線に立って食育――日本政府による食と健康に関する教育プログラム――を推進してきた。

そういう人物であれば、現代の日本人の食生活を教えてもらうのにはうってつけだ。エミが必要な手はずを整えてくれて、僕は滞在中のマンションから地下鉄で2駅先にある服部氏の学校へ向かった。アスガーとエミルとリスンは、ポケモンのDVDを見ながらお留守番だ。

服部氏の学校は、オフィスビルのような大きな建物で、都心の代々木公園に近い高級地にある。表には、微笑むジョエル・ロブションと握手をする服部氏の巨大なポスターが貼ってある。ロブションといえば、有名なフランス料理のシェフで、誰よりも多くミシュランの星を獲得していて、僕は2年前にパリにある彼のレストランで仕事をしたことがある（そのおかげで彼が有名だという話は聞いていないけど）。

受付では、服部氏本人が出迎えてくれた。小ざっぱりとした印象の人で、シルク製らしきすべすべで漆黒のマオスーツを着ていた。縁なし眼鏡をかけていて、白くなった髪はオイルで丁寧に撫でつけてある。靴は、それだけで僕の衣類の年間予算よりも高そうで、日焼けした肌は、そこにも金がかかっていることを物語っていた。

服部氏は、スペインの有名レストラン、エル・ブジ（カタルーニャ地方にあった、「世界で最も予約が取れない」といわれたレストラン）のロゴのブルドッグの絵がついた大きな扉から、学内へと案内してくれた。扉のなかは明治通りの並木を見渡す「ラトリエ　ドゥ　ハットリ」という、打ち合わせのできる調理室だった。椅子に腰かけると、ものの数秒で緑茶とクッキーの載った小皿が運ばれてきた。

僕は、いつから日本人の食事がよくない方向へ進み始めたのかを知りたかった。欧米の状況ほどひどくはないと思うが、日本の英字新聞には、最近の日本人は太ってきて、加工食品や乳製品、糖分、脂肪分を多く摂るようになり、野菜や果物をあまり食べなくなり、伝統的な和食が顧みられなくなっていると書いてあった。日本の食料で最も神聖視されている米の消費量も、100年前にはひとり当たり150キログラムだったのが今では60キログラムに減っているという。しかも、魚の消費量が半分以下になる一方で、肉の消費量は倍以上になっているのだ。

服部氏は、アメリカを非難した。

「戦後の日本は、アメリカに傾倒するようになりました。アメリカ人の体格のよさや、アメリカ人がパンやポテトや靴底のように分厚いステーキを食べるのを見て、真似しようとしたのです」彼はそう話した。「強い身体を作らなければいけないという大きなプレッシャーを感じて、バター、ミルク、小麦粉を食べるようになり、アメリカ人のようになろうとしました。学校給食も、突然米からパンに変わり、大豆や海藻や調理した野菜、米、魚という従来の日本の食事のバランスが失われました。そして増えたのが、肥満、糖尿病、心臓病になる人です。かつての日本人は、理想的な食事をしていました。大豆、魚、豆腐でタンパク質を摂っていました。でも、今の若者はジャンクフードを好み、でき合いの食品を買って質の悪い食事をしています」

服部氏は、この問題には日本人と欧米人の身体の違いも絡んでいると説明した。日本人の腸は、欧米人よりも平均して60〜70センチ長い。これは、明らかに大きな問題だ。自給率が低く頻繁に飢饉に見舞われたという歴史により、健全な食品からの吸収率を最大限にするようにプログラムされた遺伝子を持つ日本人は、食生活の欧米化によって、脂肪や添加物や糖質を欧米人よりも長い時間体内に留めておくことになってしまった。「日本人ははるか昔から、飢餓や飢饉に悩まされてきました。私たちの遺伝子には、来週は、来月は、食べるものがないかもしれないという恐怖が深く刻まれているので、少しでも長く体内に食べ物を留めておこうとするのです」と服部氏も言っていた。だから日本人が、たとえばハワイなどに移住して、その土地の食べ物を食べるようになると、地元の人よりも太ってしまうのだ。たいへんなことだ。

服部氏は、若い世代の人たちのことをあまりよく思っていない。「若い人たちは、台所仕事をあまり一生懸命したがりません。だから、料理の質が落ちています。死ぬ気で一生懸命やれば必ず得るものがあるはずですが、今の日本では、学校でも家庭でも鍛練というものが姿を消しています。なんでも簡単にあきらめてしまい、褒められることに慣れ過ぎていて批判を受け入れようとしません。うちの学生も、批判を聞き入れません」(『ジャパン・タイムズ』紙によれば、服部氏は、言うことをきかない子どもの手やお尻を叩くことに賛成している。「手遅れになれば、性格は治らなくなります！」と彼はインタビューに答えている)

言うまでもなく、しつけや教育に対する服部氏の考え方は終戦直後の日本のものだが——彼は1945年生まれだ——だとすれば、彼が『料理の鉄人』や『愛のエプロン』のような大衆向け番組にかかわる気になったのは、すごい驚きだ。

しかも彼は、『料理の鉄人』を誇りにしている。「『料理の鉄人』が放送されるまでは、若者は料理人になることにあまり興味を持っていませんでした。でも、『料理の鉄人』で料理人のスーパースターが生まれたおかげで、それを見た若者がモチベーションを持つようになりました。『料理の鉄人』がなかった頃は、小学生がなりたい職業で料理人は35位でしたが、番組が始まるとそれが1位になり、今でもまだ5位につけています」

僕が会ったとき、服部氏は、ちょうどイギリスから帰ってきたばかりだった。そこで僕は、イギリスの食べ物についてどう思うか、イギリスで食べられる日本料理についてどう思うかと尋ねてみた。「海外の日本料理は、よくなってきていますね」彼はそうお愛想を言った。でも僕は、日本の農林水産省が海外の日本料理のレストランに認証を与えるという動きに、彼もかかわっていると知っていたから、彼の言うことは本心ではなかろうと疑った。「『ザ・ファット・ダック』〈ロンドン郊外の3つ星レストラン〉は大好きですよ」彼はそうつけ加えた。僕は訊いた。「モラキュラー・キュイジーヌが日本でうけないのはなぜですか？　特に東京は、新しいことや遊びが好きな人がたくさんいると思うのですが」

「ははっ！」服部氏はそっけなく笑った。「日本では、もう40年以上も前からモラキュラー・キュイジーヌが盛んですよ。トマトジュースや何かで作った人造イクラをご存知でしょう？　あれは、

40年前に日本で販売を始めたものですよ（彼の言う通りだ。同様のゲル化剤は、豆腐作りにも使われている）。フェラン（エル・ブジの料理長、フェラン・アドリア）は、日本の食材をとても気に入っていて、来るたびにあれこれ買っていきますよ。6年前に私が柚子を教えたら、本当に夢中になってしまいました。味噌も生わさびも鰹節も、彼のお気に入りです」考えてみたら、葛にしても寒天にしても、モラキュラー・キュイジーヌに使われる有能な増粘剤は日本生まれのものが多い。

服部氏は、せっかちにちらちらと腕時計を見た。そろそろ、インタビューを終える時間ということだろう。でも、最後にぜひ訊いておきたい、とても大切な質問があった。これだけは訊きたかった。日本で一番いいレストランはどこか？

「一番いいレストランですか？　普通の人はそこへは行けません。一般には知られていないのです」彼の顔に、満足げな笑みが広がった。「予約もできません。電話帳にも出ていません。誰かメンバーと知り合いにならないと行けません。私はメンバーです。毎年、料理長から予約カードが送られてきて、毎月1日だけ行く日を選ぶと、彼から予約の確認が届きます。フェランも連れて行きましたよ。料理を口にした彼は、感嘆の叫び声を上げました。ロブションを連れて行ったときも、叫んでいました。あそこで食事をする人の顔を見てください。味わった瞬間、自然に笑顔になるのです。料理長は、ほぼすべての材料を自ら作っています。すごい人です。だしに精通しています。私はもう、15年も通っていますよ」

「ワォ！」僕は思わず言った。「その店で食事をするのが、僕の最大の望みになりました！」

服部氏は僕の目を覗き込んでから、しばらく自分の手に目を落として考えていた。それから、また顔を上げた。

「私と行きましょう」彼はそう言った。

「えっ？　店を見に行くという意味ですか？」

服部氏は、小さな黒い手帳を取り出した。

「いいえ。食べに行くんです。10月30日の夜6時30分。銀座のソニービルの前で待ち合わせましょう。壬生《みぶ》という店です」

「ありがとう。感謝します。とても楽しみです」今耳にしたことが、まったく信じられなかった。

日本の料理界の第一人者が（このご招待は、僕のなかで服部氏を第一人者にする決定打となった）、日本中で一番だと彼自身が評価するレストランに僕を連れて行ってくれる。運命的なディナーの約束だ。

服部氏の招待は、実はもうひとつあった——だから腕時計を何度も見ていたのだ。その日の午後、彼の学校では、日本料理アカデミー主催の第1回「日本料理コンペティション」の関東甲信地区大会が開催されることになっていた。服部氏は審査委員長を務める。見学したいかって？　そりゃ、もちろん。

2時間ほどしてから再び学校へ行くと、何十人という参加者が集まっていた。全員が男性で（女性の料理人は、日本では欧米よりもさらに珍しい）、すでにふたつの巨大なピカピカのキッチンで作業に取りかかっている。このイベントを取材に来た日本人のジャーナリストは何人かいたが、外国人は僕だけで、僕だけが料理人の周りをうろうろ動き回るのを許されているらしかった――もしかしたら、僕にやめろと言う勇気を誰も持っていなかっただけかもしれないが。いずれにしても、間抜けな外国人という僕の立場は、断じて有利だった。僕は料理人の仕事を見るのが大好きで、器用な動きやスピードや料理に向き合う姿を眺めていると恍惚となってしまう。

参加している料理人は、3時間以内に3品の料理を4人前――審査員3人分とディスプレー用1人前――完成させねばならない。参加者の年齢は30～50歳で、どの人も少なくとも5年以上のプロとしての経験があった。このなかでひとりだけが、翌年の2月に京都で行われる決勝大会に出場し、そこで優勝すれば賞金100万円がもらえて、さらにすごいことに、2008年10月にドイツのエアフルトで開催される世界料理オリンピックに、日本代表として出場できるのだ。

部屋の空気が張りつめていることは、立ち込める濃厚なだし汁の香りと同じように、はっきりと感じ取れた。僕にも、ようやくわかるようになってきた。だし汁は、日本料理でとても大切な要素のひとつで、伝統的なフランス料理やイタリア料理でベースに使う、仔牛のブイヨンやトマトソースと同じようなものなのだ。とはいえ、だし汁とフォンドボーはまったく違う。だし汁はほんの数分で取れ、フォンドボーは約6時間かけてローストした仔牛の骨を煮立てるが、両者の違いはそれ以上に大きい。

一番だしを取る基本は、はがき大の乾燥させた昆布を水に入れて火にかけ、沸騰する直前に取り出し（そうしないと嫌な臭いが残る）、そこへ鰹節（燻製にしてからカビ付けして熟成させた鰹の身を、専用の削り器で薄く削ったもの）をひとつかみ入れ、1分ほどそのまま煮出してから漉す。それだけだ。だし汁に使う食材は他にもいろいろあるが——干した魚、昆布以外の海藻、干し椎茸など——いずれにしてもこのだし汁が、味噌汁から天ぷらのつゆに至るまで、多種多様な日本料理の土台となる。

見ていると、ある出場者が鰹節をいくつかみも投入し、そのまま数分間煮出していたが、それはよくないんじゃないかと僕は思った。鶏の手羽とネギで、ややフランス風のだし汁を取っている人もいて、とても強い香りが漂っていたが、これはあまり日本料理らしくない。

他の出場者も、すさまじい集中力で、刻んだり、かきまぜたり、飾りつけたり、揚げたりしていて、それをキッチンにいる審査員が見て回り、機能的に作業できているか、調理の手順がよいか、衛生的に調理しているかなどを判断する。「よい料理人になるには、すべてのプロセスを最初から頭に入れておかねばなりません」ある審査員が、そう僕にささやいた。「最終目的を明確にしておく必要もあります。料理の味を見るのは別の審査員たちです。なぜなら、料理人たちが調理しているところを見てしまうと、余計な影響を受けるからです。みごとなプロセスを見ると感心してしまうものですが、料理屋のお客様はプロセスなど見られませんから」

ある料理人が、小麦の先端をちぎってまるごと揚げた——実がひと粒ずつポップコーンみたいにはじける——それを飾りに使うらしい。かなり斬新な趣向のこの料理人は、魚を焼くときも、うろこを取り除かなかった。そうやって焼くと、魚は水晶のような豪華な姿に焼きあがった。

僕がよく知らない食材もいくつかあった。ひとりの料理人が調理していたヨモギもそうだし、別の料理人が使っていたこんにゃくもなじみがない。透明で味がない、ゼリー状の食べ物で、「悪魔の舌」〔devil's tongue　こんにゃくの英名〕の塊茎を加工して作る。それから、クチナシの種、ユリネ、酒かす〔酒を醸造するときの副産物〕、「ユダヤ人の耳」〔Jew's ear　キクラゲ〕というキノコを調理台に並べている料理人もいた。

番号13の出場者に、このコンペティションのために練習を積んだかと尋ねてみた。「いえ、特には。いつも自分の店で作っている料理ですから」彼はそう答えた。彼は、ボスに言われて出場したらしい。「でも、いつもと違う厨房で、限られたスペースのなかで作るのは、思っていたよりずっと難しいです。与えられた空間をうまく使う方法を考えておけばよかったと思っています。大きな問題は時間です。普段は、一晩寝かせておくのですが、ここでは、香りを引き出すために、茹でてから氷に入れ、もう一度茹でてまた氷で冷やさなければなりません」

別の出場者のせいろに火がついて、警報機が鳴り始め、アシスタントたちがあたふたと動いた。汚れた鍋やフライパンが高く積み上げられ、緊張も高まっていた。料理人たちはさらに猛スピードで作業し、さまざまな音が飛び交い、パニックが起きそうだった。

終了時刻がきて、出場者たちは次々に調理を終えた。できあがった料理は、階下の窓のない小さな会議室に運ばれる。そこでは、服部氏とふたりの審査員――ふたりとも一流の料理人――がテーブルについて、味見をしようと待ち受けている。その会議室の壁際にある折り畳み式テーブルの上には、後で出場者が観察するために、すべての料理がひとり分ずつ置かれていた。

部屋は静まり返っていて、時折箸が器に当たる音や、スコアカードを記入するペンの音、口のなかをきれいにするために水を飲み込む音が聞こえた。

服部氏は、中央のテーブルについていた。僕が隅の方でできるだけ音をたてないように腰かけようとすると、彼は顔を上げて、眉を吊り上げながら僕の方を見た。料理を味見する彼を見ていると、ときどき軽く首を振ったり、新しい料理が運ばれてくるたびに大きなため息をついたりするので、どうもしっくりきていないらしいのが僕にもわかった。それからまたひと皿食べた彼は、険しいまなざしを僕に投げつけてきた。いったいどこがまずいんだろう？

それから1時間ほどして審査が終了し、服部氏は立ち上がって部屋を出た。僕も後を追いかけて、もうひとりの審査員と一緒に服部氏と同じエレベーターに乗った。ドアが閉まった途端、服部氏の態度が一変した。

「見たでしょ！　あきれたものです。何を考えてるのか、わかりませんね。嘆かわしい！」彼の言葉を聞いて、僕はびっくりした。

「僕には、すばらしい料理に見えましたけど」

「とんでもない。誰ひとり、だしの取り方をわかっちゃいない。めちゃくちゃだ！　驚くほど低い水準ですよ。あれでは、うちの学生たちと変わらない。塩辛すぎるし、味が濃すぎる」

さらに1時間後、全員がこの学校の最大の売りである調理演習室、「レッドルーム」〈ステューディオ　ドゥ　キュイジーヌ〉にもう一度集合した。出場者たちは、もう私服に着替えていた。軽く言葉を交わし合う人たちもいたが、ほとんどが落ち着かないようすで、ネクタイを締め、ボールペンを持って、そわそわと腰かけていた。これから処刑が待ち受けているなんて、みんな知るよしもなかった。

服部氏が、他の審査員やアシスタントと一緒に入ってきた。最初に、調理手順の審査員のひとりが、時間が限られているという条件を考慮すれば、料理人たちはみな緊張していたにもかかわらずとてもよくやっていたと、話をした。次に服部氏が立ち上がり、無表情なままで話し始めた。

「私は、皆さんのなかに基本技能が身についていない方が大勢いらっしゃるという印象を持ちました——塩の使い方、だしの取り方、火加減です。どれもが重要であるにもかかわらず、ほとんどの方が塩を入れすぎで、だしの基本がわかっている方はあまりいらっしゃらないようです。家庭料理レベルのものもありました。正直に申し上げて、『この人たちは本当にプロフェッショナルなのか？』と、思わざるを得ませんでした。皆さんには、日本料理の基本に立ち返っていただきたい。だしと塩加減と火加減を修得していただきたい。世界が敬意を表する本物の日本の味を、修得していただきたい！」

こんなに手厳しく非難されるとは思ってもみなかっただろうと考えると、料理人たちが気の毒になった。その日はお彼岸だった。普通なら、家族と一緒に墓参りをする日だ。彼らにとっては、おそらくその週の唯一の休日だろう。3時間かけて必死に料理したあげく、これまでのキャリアが台無しになるようなことを言われてしまった。みんな、すごく動揺しているみたいだった。プラスチックのメダルをもらってまばらな拍手を受けた優勝者も、それは同じだった。

後で僕は、ふたりの出場者に服部氏のスピーチをどう思ったか訊いてみた。「胸を突き刺されました」ひとりが自分の胸を叩きながらそう言った。「でも、その通りなんです」もうひとりがつけ加えた。

7 歌舞伎町のクジラ――東京5

辻静雄は、クジラの肉の評価について何もアドバイスをしていない。これまでの僕なら、だからといって何も困ることなどなかった。70年代から80年代のイギリスで、人一倍ひとりよがりなティーンエイジャーとして育った僕の心には、絶対に曲げようのない真実がふたつあった。ひとつは、ミセス・サッチャーは悪の化身だということ。もうひとつは、クジラを殺すなんて、人間を殺す以上にとは言わないまでも、少なくとも同じくらい悪いということだ。

『故郷への長い道　スター・トレックⅣ』で、カーク提督とクルーはザトウクジラを捕まえてきて宇宙人と交信させるが、この映画にしても、僕の持論を強化する厳然たる証拠となったにすぎない。80年代の初めには、不特定のノルウェー人に抗議して、ダウニング街を行進したこともある。クジラに銛を打ち込み、アザラシを棒で殴るノルウェー人に、僕は猛烈に腹を立てていたからだ。そういうわけで、エミが翌週の計画を立てるために僕らが滞在するマンションへ来て（9月の半ばを過ぎていて、そろそろ北海道へ移動する時期だった）、ランチにみんなで軽くクジラを食べに行くのはどうかと尋ねたときは、ちょっと躊躇した。でも、正直なところ、それはほんの一瞬のことだ。

食べるのが好きな人はみんなそうだけど、僕もわけのわからない受け入れがたいようなものを食べて人に自慢したい質だ（「カンガルー？　フン、もちろん食べてみたよ。じゃぁ、訊くけど、クロコダイルは食べたことある？　なるほど、だけど試してみるべきだね。どっちかというとチキンみたいな味だよ」なんて感じで）。つまり僕は、常に食べ物にスリルを求めていて、どんなものを食べたかを聞いた人が驚けば驚くほど楽しいのだ。とはいえ、もの悲しげなクリックス（ハクジラ類が発する突発音）を発し、プランクトンの群れを追いやる競争をしたら僕より上手な生き物を食べると思うと、やはり気はとがめた。

僕が最終的にイエスと言うと、リスンは顔をしかめた。アスガーとエミルも、頭がどうかしたんじゃないかという顔で僕を見るし、彼らの嫌悪感で僕がまた二の足を踏んだのは確かだ。でも、僕は日本人をどうこう言える立場じゃない。僕だって、これまでバタリーで飼育された鶏をかなり食べてきたし、薬漬けにされた牛や、愛らしい兎や、かわいい鶉、麻酔もかけずにちぎられたカエルの脚も相当食べた。それに、クジラはとても賢いというけれど、豚だって決してばかじゃない。

言うまでもなく、鶏や牛やカエルや鶉の数はクジラの数よりも多い。現在では日本、アイスランド、グリーンランド、ノルウェーなどがクジラを食する国で、こうした国は、国際捕鯨委員会の提言を回避しようと、あるいは単に無視しようとしている。この4つの国のなかで、日本はあらゆる魚をどん欲に食べることにかけてははるかに抜きん出ていて、世界全体の漁獲量の1割を消費している。世界のシーフードの消費量は平均でひとり16キログラムなのに、日本人はひとり70キログラムにもなるのだ。ノルウェーやアイスランドで捕獲されたクジラも、日本の食卓に直行している。

世界のどこであろうと、魚が獲れるところには日本の仲買人が口を開けた財布と氷を詰めた大きな箱を持って待ち構えている。実際に僕も見たけれど、フィリピンの南端には日本向けの巨大な漁港があり、日本人が好むマグロやカツオによって地元の経済全体が支えられている。そして、地中海南部で育つマグロも、最終的には日本人の箸でつつかれる運命にある。地中海や大西洋の天然マグロは危険な水準まで数が減って、おそらく60年代の10パーセント程度になっている。このような状況を招いた原因の大部分は、日本にある。

だけど、ごく普通の日本人にマグロの絶滅やクジラの問題について尋ねても、疑わしげな目で見られるだけだろう。そうした問題は日本人にとってニュースには違いないが、差し迫った問題ではない。日本料理の伝統に対して、時折よその国が干渉してくることがニュースなのだ。多くの場合、日本人は、自分たちが日常的に肉を食べるようになったのは1872年、天皇陛下が夕食に牛肉を試食されたときからだと主張する――それが日本人の肉食開始の合図となったというのだ。それまでは、肉食は違法とされており、そんな法律はあちこちで無視されてはいたものの、実際、歴史的にみると、日本人は肉よりもはるかに多く魚を食べてきた――今でも、食事によるたんぱく質の摂取は、3分の1以上が魚からだ。もちろん、それが、日本人が総じて健康な生活をしている理由のひとつでもある。

日本人は現在でも、年間700頭前後のクジラを「科学調査目的」で殺している。その数は、年間1000頭ほどを殺すアイスランドには及ばないが、アイスランドで獲れたクジラは、さっきも書いたように、結局は日本へやってくる。先ごろ、ミナミセミクジラ、ザトウクジラなど、現在は「レッドリスト」（絶滅のおそれのある種のレッドリスト）に入っていない一部の種の数が増えているというレポートに基づいて、日本は捕獲割当の増加を要求し始めた。毎年、国際捕鯨委員会の年次会合が開かれるたびに、日本は無制限の捕鯨開始を認めるように強く求めている。「我々は紀元前300年代からクジラを食べているのです」日本の代表はそう訴える。「これは、食の帝国主義です」

8世紀には日本で仏教が盛んになったにもかかわらず、クジラの消費は依然として認められ続けた。それは、クジラを哺乳類ではなく魚類として分類していたことが原因だ（このような、食料に対する現実的なアプローチのおかげか、日本では野生のイノシシを「山くじら」ともいう）。1820年代になると、クジラ料理はとても進化して70種類もの部位に合わせた調理法が生まれていた——クジラの糞も調理したらしい。えぇっ、それはあり得ないって？ 第二次世界大戦後の食糧難の際も、クジラはタンパク質やオメガ3脂肪を摂取するうえで、日本人に欠かせない栄養源だった。実際、今でも年配の日本人の多くは、クジラ肉が学校給食の定番メニューだったことを懐かしげに話す。日本人は、量こそ減ったものの、僕ら欧米人がシカ肉を食べるのと同じように、珍味としてクジラの肉を食べ続けている。そして、クジラの肉にはアンチエイジング成分が含まれていることが証明されていて、すごくヘルシーだなんて言っているのだ――公平を期していうと、僕もその点には異論がないけど。

結局、僕はエミの誘いに乗り、新宿駅の外で待ち合わせた。そこから彼女に連れられて、ガーリー・バーやカラオケ店がにぎやかに並ぶ歌舞伎町の迷路を抜けていくと、ある店の横手にある戸口に着いた。長い階段を上って、ようやく到着したのが、クジラ肉料理とこだわりの日本酒で有名な**樽一**だった。

店は、大勢の人で混み合っていた。天井から数えきれないほどぶら下がった紙のメニューには大きな漢字が書いてあって、ペンで精巧に描いた魚の絵が入っているものもあり、全体に陽気な雰囲気だ。衝立てや扉に描いてある、楽しげなクジラの上手いイラストがなければ、この店もごく普通の日本の料理店と変わりがないかもしれない。天井から下げてあるアルプホルンのような珍しいもの――乾燥したクジラの巨大なペニス――も見なかったことにできるならばの話だ。僕は、いやでも目に入った。

エミの通訳で、メニューを眺めた。クジラのベーコン、舌、卵巣、皮、睾丸、ペニス、内臓、いろいろな切り身などがあったが、残念ながら糞はなかった。それぞれ、刺身や鮨にしたり、揚げたり、ステーキにしたりして食べられる。僕らは、すべてを少しずつ注文した。

しばらくすると、後ろの壁の奥にある厨房から次々と料理が運ばれてきた。最初に来たのは、鉢に盛られたギラギラとして歯ごたえのありそうなベージュ色の脂肪で、胃袋みたいに見えなくもなかった。うまそうではなかったが、給食のクジラ肉で育ったくちのエミは、嬉しそうにぱくついていた。アルミホイルで覆われた皿が次に来た。ホイルを取ると、テーブルの半分ほどの大きさの固い茶色の葉っぱが敷いてあって、その上にひとつひとつ微妙に違う薄切りのベーコンや刺身が盛りつけられて、からしと黄色い菊の花がところどころに添えてあった。緑がピンク色をしているのや、乾燥したハムみたいに見えるのや、ねずみ色で全然食べる気がしないようなの（それは皮だとエミが言った）もあった。刺身は日本の牛肉みたいに全体に霜降りで、赤紫色をした肉だ。噛み切りにくいのもあったが、ほとんどは脂肪っぽい食感で牛肉のような味わいだった。ひと通り食べた後、ぜひもう一度食べたいと思うようなものはなかった。クジラ肉の塊を揚げた料理は、呑み込める大きさに噛み砕くのにひと苦労だったが、吐き出したくなるほどでもなく、刺身など、結構おいしく食べられたのもあった。鯨のアイスクリームは緑色で、普通ならチョコチップが入っていそうだけど、クジラ肉の粒が入っていた。また食べてみたいと思うほどじゃない。

店を出る前に、料理人に会った。僕は、今食べたクジラの種類を尋ねた。彼は、壁に貼ってある、さまざまな種のクジラを描いた図表のなかから、ミンククジラを指した。ほとんどが大西洋で捕獲される。「食べるのに一番適しているのは?」これです、と彼はため息をつきながら、シロナガスクジラを指した。クジラをかわいそうに思ったからじゃなくて、なかなか手に入らないからじゃないだろうか。帰ろうとしたとき、彼はお土産にと、クジラの歯をくれた。とても大きくて、茶色くて、フリルのある爪みたいだった。

クジラは、日本人が食する最大の海洋生物だが、幸いなことに、たいへんおいしいとはいえなかった。これで、いよいよ次の目的地である北の島、北海道へ向かう。豊富な魚介類で有名な島だ。

8
カニとラーメン――北海道1

　東京の羽田空港から、国内線に乗った。飛行機を怖いとは思わないけど、旅慣れた人からよく聞く、いわゆる空の旅の3段階のうち、「飽きてくる」段階に自分がきているとは思う――初めは「わくわくする」段階、次が「飽きてくる」段階、そして最後が「怖くなる」段階だそうだ。空の旅では、空港に着いたらチェックインして、手荷物検査を受け、搭乗口へ行く。手荷物検査で並び、搭乗口に着いたら飛行機に乗るためにまた並ぶ――いちいち搭乗券を見せろとか、ベルトを外せとか、「違う、搭乗券ではなく、パスポートを見せて」とか言われ、とても惨めで、急に難民になったみたいな気持ちになる。サービスもひどいし、まるで、タイラック（空港や駅に店舗を多く持つイギリスのネクタイ販売店）がスポンサーの出エジプト記だ。ところが、羽田空港は驚きだった。清潔で、静かで、機能的で、すばらしいショップや日本の料理の主なカテゴリーを代表するようなレストランがいっぱいある。たとえ、ここで旅行が打ち切られて、あとの2ヵ月間は羽田空港のなかだけですごすように言われたとしても、とても楽しくやっていけそうに思えた。

でも、僕らは予定通り羽田を飛び立ち、2ヵ月先まで戻らないことになっていた。東京にはまだ少し未練があった——あまりにも多くのレストラン、あまりにも少ない時間——そして、リスンも同じ気持ちだった。けれども一方で、東京という街で徐々に日本に順応するのは、考えていたほど簡単ではないとも感じていた。確かに東京は、日本のなかではどこよりも強く欧米の影響を受けているけれど、だからといって「ウェスタナイズされている」とまではいえない。もちろん、僕らは欧米文化に染まった日本を体験したくてやってきたわけじゃないから、それは結構なことなのだけど、3週間が過ぎてみると、そろそろ脱出するのが正解でもあった。とりわけ、子どもたちにとってはそうだった。

エミル、そして特にアスガーとは、何度かフード・バトルをやったが、ふたりとも少しずつ初めてのものに慣れてくれて、おかげで僕らは「ピザもバーガーもナシ」という厳しい原則をうまい具合に維持できた。子どもたちは天ぷらを喜び、新宿の忍者レストラン**忍者屋敷新宿店**をとても気に入っていた。秘密の扉から入り、ガラスの跳ね橋を渡って、ウェイターが手品をやってくれるような店だった。ふたりは、今では本当に鮨が大好きで、回転ずしの店では、放っておいたらあっという間に皿がうず高く積み重なってしまうほどだ。だから、板前さんたちには、ワサビを控えめにしてほしいと絶対忘れずに頼んでおかなきゃならなかった。というのも、ある店で、思い切りワサビが効いたにぎりを食べたエミルが、顔を真っ赤にして水を3杯も飲み干すという、ちょっとトラウマになりそうなできごとがあったからだ。

東京は、家族みんなにとってスリリングな街ではあったが、休みない喧噪のなかにずっといることは、アスガーとエミルにとっては問題ではないかと僕は感じていた。東京の人たちはフレンドリーで親切で、子どもたちにすごく興味を持ってくれたが、東京はパリよりもさらに子ども向きの街じゃない。子どもが遊ぶような公園はこれといってないし、好きなだけ走り回ってエネルギーを発散できるような場所もなく、どことなく落ち着かない感じの人たちがあちこちにたくさんいる気がした。いずれにしても、エネルギーを持て余すのは、小さな男の子にとっていいはずがない。

というわけで、東京の次に降り立った札幌は、スペースといい、ペースといい、清涼剤のように感じた。飛行機から降りると、新鮮な空気が僕らを出迎えてくれた。北海道の気候は、日本の中央の島である本州とはかなり違う。最北端の地まで行けばロシアがもう目と鼻の先で、南西部でさえ冬の気候は厳しく、雪に閉ざされる。僕らが行った夏の終わりの時期は、ほどよい涼しさで、半袖がちょうどいい感じだった。

北海道は広大で、日本の国土の5分の1を占める——オーストリアと同じくらいの面積だ。イギリスの4分の1しか住める土地がないのに、国の人口はイギリスの倍もあるのだから、日本人は何世紀も前から大挙して北海道へ移動していたはずだと思うかもしれないが、実は歴史的には、北海道は長い間、辺境の荒れ果てた地だとされていた。本格的な入植はわずか150年前で、国策による事業、産業の育成が行われ、以後は「でっかいどう北海道」のような宣伝キャンペーンが絶えず行われてきた。開拓前の北海道は、数万年前に主にシベリアから渡ってきた人類を祖先とする先住民族、アイヌが暮らす地だった。明治以降、政府は継続して振興策を取ってきたものの、北海道の人口は今も日本の全人口の約20分の1――600万人足らず――にとどまり、広大な自然や原生林が残されているのに、「日本」と聞いて最初にそういうことを思い浮かべるシンボルとはなっていない。

でも、北海道のセールスポイントは、そういう地理的な条件以外にもある。食べ物が、他の土地とは違うのだ。

この島は日本の酪農の中心地で、最高級のバター、クリーム、牛乳と、それほどたいしたことはない（ヨーロッパのスーパーで売っている、風味のないブリーチーズを真似たみたいな）チーズを生産している。ジャガイモやトウモロコシも名産品で、ここは日本のなかでも財政が厳しい部類に入る地方だということを考えると皮肉だけれど、あの1個2万1000円のメロンを生産しているのも北海道だ。北海道は、カニや天然の鮭でも有名だ。日本の食料の自給率は40パーセントほどだが（たとえば、アメリカなんかは100パーセント以上ある）、そのなかでも北海道の生産品は大きな割合を占めている。つまり、北海道は日本の食料貯蔵庫だ。

道庁がある札幌は、涼しくてのんびりした街という印象だ。せかせかしている人はいないし、アメリカサイズの歩道は充分余裕があって、車の数もまばらだ。僕らのホテルは80年代の古びた建物だったが、かなり快適だった（村上春樹の『ダンス・ダンス・ダンス』に出てくる札幌のホテルを連想してしまう。チェックインした主人公が、本当は存在しないはずの謎のフロア、パラレルなゾーンへの入り口である、真っ暗で湿っぽい16階へ行く。そこには羊の格好をした奇妙な男が住んでいる。僕らが泊まったホテルには、そんなフロアはなかった）。16階の部屋からは、１９７２年の冬季オリンピックで使われたジャンプ台のある山が遠くに見えて、近くの道路を隔てた向こう側には観覧車があった。そこら中にトンボが飛んでいて、飛びながら交尾しているのもたくさんいた。

アスガーとエミルは、観覧車を見つけた瞬間、振り向きもせずに乗りたいと言った。僕は、全国的に名の知れたラーメン屋がたくさん並んでいるという、ラーメン横丁に行ってみたかった。希望がかなわないとなると、子どもたちはめそめそするし、僕はいらいらするし、どちらも譲る気などなかった。そこで二手に分かれて行動することになり、かわいそうに、美術館へ行きたいというリスンのリクエストは完全にかき消されてしまった。

北海道の名産品がふたつ入っている有名なバターコーンラーメンを食べるならば、ラーメン横丁が最高の場所だ。でも、それがどこにあるかがなかなかわからなくて、通りすがりの店の主に案内してもらったところ――彼の店は放ったらかしにして――それとは知らずに入り口を何度も通り過ぎていたということがわかった。通りから見ると、**新ラーメン横丁**の入り口は、オフィスビルの地下へ通じる裏口みたいで、なかへ入ってもやはりラーメン横丁とは思えない――薄汚れた廊下の片側にカウンターだけの小さなラーメン店が並んでいるからだ。しかも、日本にしては珍しく、僕がその廊下を歩いていくと、半ダースほどある店の店主たちが、ラミネート加工をしたメニューを見せて客引きをするのだ。適当に店を選んで入り、カウンターの前に腰かけて待つと、熱々の鉢に入ったバターコーンラーメンが現れた。うず高く重なったスライスしたローストポーク、冷たいバターのキューブ、缶詰のスイートコーン、細く刻んだネギ、のりのシート、半分に切った茹で卵、それが全部、たっぷり入って絡み合う縮れた麺の上に載っている。

センセーショナルだった。それまでに食べたラーメンのなかで最高だった。最初に陶器のスプーンで汁をすくったとき、油が浮いているのが気になったが、それを口に入れたとたん、ラーメン天国にいる気分になった。ポークの味がして、ほどよく脂ぎっていて、塩とニンニクがしっかりと効いて、冷たいバターとコーンが焼けるように熱いスープにさらされた口のなかにショックを与えてくれる。ネギはピリリとした辛みで歓迎してくれ、ラー油はマゾヒズム的余韻を残してくれる。これほど満足なスープはない。

本当は、ラーメン店を少なくとも3つは回るつもりでいた。でも、この最初のラーメンを最後のひと口まですべて食べ尽くしたいという衝動を抑え切れず、ものすごい量を全部食べてしまったせいで、支払いをしようと立ち上がったらお腹がチャポチャポとみっともない音を立てて、これ以上何かを食べるなんてもう考えられなかった。

それなのに、10分後、僕はまた食べるために腰を下ろしていた。札幌は、カニでも有名な街だ。冷たい海水で大きく育ったカニを、日本中に出荷している。風船みたいになった腹をさすりながらラーメン横丁を出ると、通りの向こう側の店の前にいるグラスファイバー製の巨大なカニが、爪を振って僕を呼んでいるのが目に入った。日本でも最高に珍重されるごちそうを味わおうと店に入り、カニがわんさかといる小さないけすの前を通って靴を脱ぎ、畳の座敷の窓際に座ってしまった。

メニューは、まるでカニのロイヤルフラッシュだ──キング（タラバガニ）にクイーン（ズワイガニ）、スノー（スノークラブ）、スパイニー（クモガニ）、ヘアリー（毛ガニ）とそろっていて、写真入りのメニューは、H・R・ギーガー（絵画『エイリアン』のデザインを手がけたスイス人画家）が描く深海の悪夢さながらだ。日本の音楽がかかっているが、周りの家族連れやカップルは、この恐ろしげな甲殻類を分解するのに余念がない。僕のカニがやってきた。カットされた数種類のカニが氷の器にきれいに盛り合わせてあって、葉っぱや、小枝や、紫と緑の海藻がデコレーションに添えてある。生のカニの味は言葉では表せないほどデリケートだ。最初、僕の味覚はどこに風味があるのかと懸命に探した。やがてゆっくりと、海のかすかな甘みが感じられ、ぬるっとする気持ちよい食感の間からヨードのうまみが出現した。緑色をした身はさらに風味が強く、キングクラブは一番歯ごたえがあったが、大騒ぎするほどすごいとまでは僕には思えなかった。畳に座って、窓から機械じかけのカニの爪がゆっくりと動くのを見ていると、何だかとてもがっかりした気分になってきた。

ところが、この経験のおかげで、その後数週間、僕は奇妙な感覚に襲われ続けた。北海道から南へ向かって移動するにつれて、北海道のカニが恋しくなったのだ。列車のなかで、飛行機のなかで、頭にはあのとらえ難い風味がよみがえった。その風味の大部分を占めるのは食感で、生のカニ身の半分液体で半分固体の不思議な味わいは、舌の上で余韻を楽しもうにも、早々にかき消されてしまう。こういうことからも、日本人の食感に対する意識が異常なほど洗練されていることがはっきりとわかる。日本人は口に入れた食べ物の舌触りを味と同じように重視し、料理の温度についてはさほどではないものの（なにしろ、温かい料理はやけどするほど熱々にするのが、デフォルト設定だから）、食感についてはとてもきめ細かいニュアンスを大切にする。クラゲの奇妙な噛みごたえとか、もち（米粉のお菓子）の柔らかいゴムみたいな感触とか、パン粉のサクサクとした小気味よい感じとか。もっとすごいのは、たとえば、さまざまなお菓子やデザートに詰め物として使われる小豆ペーストや調理したヤマイモのパサついた食感も、日本人は喜ぶということだ。食感のバリエーションとコントラストは、今回の日本食べ歩き旅行で得た最大の発見だった。ひとつの料理のなかで、あるいは食事全体のなかで異なる食感を組み合わせることについては、日本人から学ぶべきことがとてもたくさんあるはずだ。それを学べば、食に対する身体の感性は鋭くなるに違いない。

札幌のカニは、味覚倒錯しそうなくらい官能的だった。僕は今でもあのカニが恋しくて、なぜ札幌にいる間に、もう見るのもいやだと思うようになるくらい毎日でもたらふく食べなかったのかと心から思う。気に入った食べ物を見つけたときの僕にしては珍しいことで、僕の食べるキャリアのなかでもずっと後悔していることのひとつだ。昔から僕は、ミルキーウェイから玉ねぎのピクルスに至るあらゆるジャンルの食べ物で、好きなものと出会ったら最後、うんざりするまでとことんそれを食べ続ける。なのにこのときは、飽きるほど食べる価値があるものにせっかく出会えたというのに、一度味見をしただけですませてしまったのだ。今後の教訓にしたいものだ。

30分後、リスンや子どもたちと合流した僕は、ラーメンを絶賛した。膨らんだ腹と消化不良で苦しそうにしている僕を尻目に、3人はラーメン横丁へ連れていけと要求した。ところが嬉しいことに、リスンが地図を見ると、さらに別のラーメン横丁があることがわかった。こっちの横丁はいっそう魅力的で、しかもそれまで気づかなかったが、さっき僕が入ったラーメン横丁から通りを渡ったところにあった。今度の**元祖ラーメン横丁**は、店がところ狭しと並んでたっぷりと雰囲気があり、僕らと同じように地元の人たちがどの店にしようかと迷いながら、それぞれの厨房から漂うにおいに誘われるままにぶらぶらしていて、金曜の夜のにぎやかなムードが漂っていた。

年配の夫婦がやっている店を選んで入ると、外国人の家族が入ってきたと、驚かれてしまった。でもしばらくすると、彼らも落ち着いたのか、奥さんが——英語は、「アイムソーリー、オーケー？」しか言わない――捕まえたトンボの羽の部分を持って、はじけそうな笑顔でアスガーに渡してくれた。そのとき彼女が何か言ったけれど、僕には「Hey chow shey wa chey ma shay !」と聞こえた。アスガーは、親指と人差し指でそっとその昆虫をつまんでいた。エミルと一緒になって、目を見張りながら観察している。エミルは、自分にも持たせてほしいと言うほどの勇気はなく、勇敢な兄に感心していた。

注文した焼酎が出てきた。焼酎は日本の強い蒸留酒で、材料は小麦、サツマイモ、そば粉、黒糖など、生産者によってさまざまだ。焼酎が欧米であまりはやっていないのはなぜだろう――とんでもなく強い酒だが、軽くて柔らかな味わいで、酒飲みには堪えられないはずなのに。たいていは、球形の大きな氷と一緒にタンブラーに入って出てくるが、この店のはプルトップのついたガラス瓶に入っていた。リスンはビールを飲み、やがてラーメンが運ばれてきた。唐辛子と油が多くて、さっき食べたのほどは画期的じゃなかったが、それでもやはりおいしくて、汁も一滴も残さずにたいらげた。こうなると、もう胃と膀胱が破裂する一歩手前で、珍しいタイプの拷問に遭っている気分だった。「アイムソーリー、オーケー？」店の奥さんが僕に声をかけた。「他にご注文はありませんか？」という意味だ。思わず、メニューの餃子を指さした。だって、今食べなければ、今度いつ食べられるかわからないから。

初めての札幌は、新発見の連続だった。観覧車と、不埒なトンボと、すばらしいラーメン。ひとつの街にそれだけそろっていれば、何も言うことはない。そう思ったのに、その翌日のできごとは、生涯心から離れない思い出となった。

翌朝は、北海道大学植物園・博物館の北方民族資料室をとりあえず訪ねた。現在、両親がともにアイヌ民族である純血のアイヌ人口は200人に満たないといわれていて、彼らの言葉や文化は絶滅の危機にある。マオリやネイティブ・アメリカン、アボリジニなどと同じく、アイヌも日本社会におけるさまざまな迫害や偏見に苦しんできた。彼らの失業率は異常に高く、教育水準は低い。最近成立した法律でわずかに改善は図られたものの、日本の権力者たちは、アイヌの問題について実にうまくだんまりを決め込んでいる。ここで、ひとつ言っておきたいのは、日本には、もっととは言わないまでも、少なくとも同じように冷遇されているマイノリティーが他にもいるということだ――たとえば、古い時代に屠畜業や皮革労働やその他のけがれているとされる職業についていた人々の子孫である、いわゆる被差別地区出身者がそうだし、大阪を初め各地にある韓国人や中国人のコミュニティーもそうだ。

公式調査によるアイヌ人口は2万5000人前後だが、アイヌの各団体は実際にはその2倍だと主張していて、公式発表を認めていない。アイヌにとって最大の問題はアルコール依存症だ。その理由のひとつは、日本が近代化するまでアイヌは宗教的な儀式の折にしか酒をたしなまず、現在もアルコール耐性が低いからだ（驚くことじゃない。日本人の半数はアセトアルデヒド脱水素酵素が欠損していて、飲酒によって血圧が低下する）。

料理が食べたいからと地球の裏側まで家族を引き連れてやってきただけでも相当浅はかだと思われそうなのに、さらに愚かだと見られかねないことを言いたくはないけれど、僕はむろんアイヌが置かれている窮状に心を痛めはしたが、彼らがどんなものを食べているかにとても興味を持った。だから東京では、関東地方のアイヌの拠点として、アイヌ文化への認識を高める目的で１９９４年に開店したレラ・チセ——風の家——というアイヌ料理店を訪ねた（現在閉店）。

レラ・チセでも、店の人が彼らの民族のことを少し教えてくれた。「私たちの宗教は神道とよく似ていますが、熊が特に大切な役割を果たします」彼がそう言うと、アスガーが質問した。「知り合いのクマはいる？」（以前、息子を感心させたくて、パパは「１００エーカーの森」のそばで生まれたからクマのプーさんと友だちなんだと言ったものだから、アスガーは今でも紹介しろと言ってきかない）店の人は、何のことかという顔をしながら答えた。「いないよ。私たちは儀式で熊を殺すんだよ」アスガーは、押し黙った。

実は、彼らは崇めている熊を殺すだけでなく、食べてしまう。19世紀のイギリスの人類学者でアイヌ研究家でもあるジョン・バチェラーは、アイヌは熊肉を馬の油で料理して食べると記録していて、「アイヌは決して美食家ではない」と、あっさりと結論づけている。

店の人は、アスガーとエミルにプレゼントがあると言って、ウールで編んだ袋からきれいな箸みたいな棒を2本取り出した。そして、1本を口にくわえ、ビーン、ビーンという音を鳴らしてみせた。これは、ムックリという、いわば竹製のジューズハープ（口琴）のような楽器で、彼の演奏は見るからに手馴れていた。

やがて食事が運ばれてきた。まずは、キュウリの漬物と海藻、それに日本人が山菜と呼ぶ野生のシダ類と球根だ――アイヌの言葉ではキトピロ（行者ニンニク）という。「これにはビタミンE、ビタミンD、鉄、ミネラルが豊富に含まれていて、風邪、便秘、高血圧、感染症の予防に効果があり、邪気を追い払います」店の人がそう説明した。そして、後から現れたのが、それほど魅力のない、ポテトの揚げ物、パンプキンケーキ、シカ肉とチーズとタマネギをパイ生地に包んで焼いたものだった。どれもおいしいけれど、少し脂っぽくて、後からわかったことだが、すべてが本当のアイヌ料理というわけではなかった。

僕はちょっと苦い葉っぱをかじりながら、多くのアイヌが北海道を離れて東京へ来ているのはなぜかと尋ねた。「北海道の方が、ずっと激しい差別を受けるからです。私たちの濃い髪、まゆ毛、深い色の肌はとてもよく目立ち、みんなから臭いとか汚いとか言われます。東京ならば外国人も大勢いるので、私たちはさほど目立ちません。政府によれば、東京のアイヌ人口は2700人ということですが、私はその倍はいると思っています。そして、多くのアイヌは、自分の出自を隠しています。私たちが偏見を持たれる場はいくらでもあります。私たちの多くは生活が苦しく、よい教育を受けることもできません。北海道には日本人が入植する前から人が住んでいたということを、日本人はいまだに認めようとしません。アイヌは北海道にしかいない民族だと思われていますが、沖縄にだってアイヌはいたのですよ」

札幌の北方民族資料室を出た後、僕らは、香ばしくておいしい黒ゴマアイスクリームに舌鼓を打った。それから、小さいけれど活気のある屋内の**二条市場**へ行くと、鮭の卵の大きな塊がいくつもあって、オレンジ色に輝く魚卵がはじけんばかりにびっしりと詰まっていた。道端ではニシンが燻製にされ、巨大なゆでダコの脚がヴィクトリア朝時代の悪人の口髭みたいにカールしていた。

金髪の男の子がふたり並んで入ってくるのはやはり珍しいらしく、店主たちはみな親切で、次々と試食させてくれた。

水槽いっぱいにカニがぎっちりと入っている店があった。主の若い女性が、僕らの方へやってきた。一番おいしいのは毛ガニだと彼女は言ったが、1杯5000円もして、値段も一番だ。彼女は、昆布の産地である北海道南西部から来たと言っていた。僕が、明日はアスガーと一緒にそっちの方へ行く予定だと話すと、彼女は地元の人の人情や海岸の美しさを熱く語った。そしていきなり、僕らが断る間もなく、一番大きなキングクラブを水槽から取り出して、アスガーに持ってみろと差し出した。体長が1メートルほどもあって、頭はアスガーの頭と同じくらい大きい。

リスンとエミルと僕は後ずさりして、顔だけ、やってみろという表情を作った。アスガーは両腕を差し出し、8本脚でほんのり赤い色をした、小型犬なんて簡単に取り押さえてしまいそうなほど大きい、先史時代の怪物のような生き物を抱えた。アスガーは緊張と満足と興奮が入り混じったようすで立ち、「写真撮っておいてよ」とでも言いたげな、懇願の表情を浮かべていた。兄が10倍も大きな身体の相撲取りを負かしたところをすでに目の当たりにしているエミルにしてみれば、今やアスガーは、ギリシャ神話のヒーローの像と同じだった。

だけど、その翌日、僕らがはるかに危険な天敵に出くわすことになろうとは、まだ誰も気づいていなかった。

9

海藻のキング——北海道 2

北海道には熊がいる。それも、コアラみたいに抱きしめたくなるタイプならともかく、思わず「お母さん、助けて!」と叫んでしまうような、本気ででかいグリズリーがいるのだ。1億3000万人がサッカーフィールド2個分ほどのわずかな土地に暮らしているような国にヒグマが身を潜めているなんて、とても想像できない。もしかしたら、毛深い芸者になりすましているなんてこともあるんじゃないだろうか。でもとにかく、日本の最北の島には、数千頭が何のおとがめもなしにうろついているという。

僕が日本には確かに熊がいると確信するのは、ちゃんと見たからだ。この目で見たわけじゃないが、その場に居合わせたのだから、見たことに変わりはない。その日、僕はアスガーとエミを車に乗せて(エミも、友だちに会うからと2、3日の予定で北海道に来ていた)、札幌の南西にある昆布の産地を目指し、海辺の道を走っていた。そのときのことが忘れようにも忘れられないのには、ふたつの理由がある。ひとつは、堂々たる火山がそびえる青い空を猛禽たちが舞う景色があまりにも雄大だったからで、もうひとつは、さっきも言ったけれど、たまたま道路わきの木に覆われた山を見上げなかったせいで、黒く大きな熊の形をした影が下生えのなかを動くところを見なかったからだ。

見たのはエミだった。

「熊がいたわ」彼女はさらりとそう言って、ひざの上に広げている地図に視線を戻した。

「どういうこと、熊がいたって?」僕が運転席から慌てて首を伸ばしながら訊いたものだから、車が中央分離帯の方に寄っていった。

「熊よ。あそこの上にね」エミは、遠ざかっていく後ろを指さして言った。

僕は同じ質問を数回繰り返したが、エミは大したもので、まったく苛立ったりしなかった。

「エミが熊を見たって、アスガー!」僕は、電動歯ブラシみたいなダイハツのエンジン音よりも大きな声で叫んだが、息子もエミと同じく、まるで動じていなかった。そりゃ、エミは熊を見たかもしれないけど、それがどうかしたの? とでも言いたげだ。何といっても、息子はついこの間、新宿の忍者レストランで、忍者が何もないはずのところから赤いスポンジボールを5つも手の平に取り出すのを見たばかりなのだから。

内浦湾の海岸線に沿って南の函館方面へ向かう途中、低層のトタン屋根の家や商店が並ぶ人けのないうらさびれた町を通り抜けた。家と家の間にあるあちこちの空き地にブイが山積みにされ、海を見ると、20メートルほど沖にはそのブイが何百個と浮かんでいて、まるでいつまでも終わらない巨大ソリティアみたいに見えた――それが実は、昆布の漁場がある印だった。

僕は、太平洋に面する町、南茅部町に着いてからも、2メートル80センチほどもある毛むくじゃらの肉食動物がいはしないかと、展望台から恐る恐る周りを見渡した。南茅部町は、北海道でも最高級の昆布の生産地として有名だ。日本の昆布の15パーセント以上――年間売上額100億円規模――がこの地域で収穫され、天皇にも献上しているらしい。

この大きくて緑色をした動物の皮のような姿の海藻が、日本の食事にとってどれほど大切かは計り知れない。日本人は50種類もの海藻を食べるが、昆布はそのなかのキングだ。だし汁に、必ず使われる材料でもある。伝統的な精進料理では、水のなかにひと切れの昆布を数時間浸しておいただけのだし汁を使う場合もある――繊細で禅らしい清涼感がある海の味わいがして、うまい。

昆布の使い道はだし汁を取るだけじゃない――汁物、ソース、酢の物、ころもとつゆなど、無数に用途があるところをみると、日本料理においては間違いなく相当高い地位にある。酢に浸してから乾燥させて薄く削ればとろろ昆布となり、それを、のりの代わりに味噌汁に入れたりもする。水、醤油、みりんに砂糖を加えて煮てから塩をまぶせば、塩昆布のでき上がりで、家庭のおやつとして食べる。サバ鮨を包むのにも使われる。そして、味の素社を懲らしめてやろうと思って訪問したときに知ったのだが、昆布には、言うまでもなく、天然物質のなかでも特にグルタミン酸が豊富に含まれていて、そのことがMSG〔グルタミン酸ナトリウム〕の開発につながった。

健康と長寿で知られる日本人にとって、昆布がとても重要な食材に違いないと思うのには、ちゃんとした理由がある。日本人が食するもののなかで、昆布は、カリウム、鉄、ヨウ素、マグネシウム、カルシウムなどのミネラルを何よりも多く含んでいて、ビタミンBやビタミンCも豊富で、そのうえ、解毒作用もあると考えられている。海藻には、がんの予防効果があるとされるリグナンも含まれている。しかも、あたり前だけど、脂質もカロリーもゼロだ。2ヵ月ほど後に知ることだが、沖縄県のひとり当たりの昆布消費量は日本一多い。日本一どころか、世界一長寿なのはどこの住民か？　答えは沖縄だ（熊の数がずっと少ないことが、長寿の理由のひとつだと思えてならないけど）。

日本のスーパーで売られている、乾燥させてカットして袋詰めにした濃いグリーンの細長いものを見て、生きているときの昆布の姿を想像するのは難しい。僕はどうしても、昆布が育つ現場を見て、養殖をしている人に話を聞きたかった。だから、札幌から5時間もかけてドライブしてきたのだ（リスンは、もう一度観覧車に乗せてくれなきゃ息を止めると脅迫するエミルと札幌に残った）。でも、昆布の養殖業者たちは秘密主義で疑り深く、よそ者を警戒しているようすだった。それはきっと、海上の小さな区画の手入れをするだけで、最大で年に10万ドルも稼ぐなんて噂されているからだろう。エミがeメールや電話でやり取りして僕が会えるように手はずを整えるのに5週間かかり、最後には、僕がパスポートのコピーを送って、海藻スパイ活動には関与していないと証明してみせなければならなかった。

「今年のできはこれまでで最悪です」南かやべ漁業協同組合の参事、佐々木孝比古氏は、やっとのことで到着した僕らにそう説明してくれた。「例年ならば収穫量は3500トンほどですが、今年はその半分もいきませんよ」

「なるほど、地球温暖化のせいですね」僕はとりすまして、そう言った。

「いや、そういうわけじゃありません。去年は大豊漁でしたから。特に下降傾向が続いているというのとは違うんです。問題は嵐ですね。昆布は潮流の荒れに弱くて、すぐに傷ついてしまうんです」

僕らが話をした港の倉庫のすぐそばでは、たくましそうな中年の女の人たちが、みんなして7キログラムもある昆布を束ねていた。昆布の束は一見タバコの葉に似ているが、ひとつひとつの束が干し草俵くらい大きい。そういう束が小型のピックアップトラックにあふれんばかりに積み上げられて、運ばれていく。

ひとりの女性が、長くカットされた乾燥した昆布を2本アスガーに渡すと、息子はそれで巨大な箸を使うしぐさをしたものだから、みんなが大笑いした。すると、今度は別の女性が事務所のなかに消えたと思ったら、手に山盛りのお菓子を持ってきて、ブロンドの髪をなでながらアスガーに差し出した。

ゴルフをする熊の刺しゅうが入ったポロシャツを着ている佐々木さんは、昆布は数メートル沖の

消波堤のすぐ向こうで養殖しているのだと教えてくれた。細長くて、縁がフリルになった舌みたいな昆布の葉は、長さ6メートルほどに生長する（20メートルのものも確認されている）。半透明の茶色がかった緑色をしていて、1年または2年生育したものを、先に鉤のついた竹ざおで手繰り寄せて収穫し、ボートの上に引き揚げる。そして、その日のうちに乾燥を始めないと、昆布が白くなって品質が落ちてしまう。干し上がった昆布はとても濃い緑色になり、堅いけれど壊れやすくて、ちょうど、ほうれん草入りの乾燥ラザニア生地みたいだ。昆布漁は、7月20日に解禁されるのが習わしで、8月の終わりまで続く。地域の人たちは総出で収穫を手伝う。夜中の2時から夜8時までぶっ通しで続くタフな仕事だ。

この辺りでは、昆布を乾燥させるのに昔ながらの自然の方法も用いられていて、その場合は、まず大型靴磨き機のような機械で汚れを落としてから、浜に設けた大きな木枠につるして天日干しする。一方、多くの昆布は、現在では小さな納屋のような乾燥室に運ばれ、70度前後で12時間ほどかけて機械乾燥する。天日干しと機械干しの違いは、すぐにわかる。天日干しの昆布は茶色がかった緑色だが、機械干しの方はもっと色が濃くて黒っぽい。昆布選別の専門家は、ひと目見ればその昆布が北海道のどこで獲れたかがわかる。たとえば、南茅部周辺で収穫されるものは切り口が白く――だからここの海岸の名前は「白口浜」だ――もっと函館に近いところで収穫されるものは中身の色も濃い――お察しの通り、そこの海岸は「黒口浜」だ。昆布はそもそも種類が10以上もあり、それぞれに色、艶、厚みが加味されて品質が決まる。厚みがあるほど質がよいとされるが（最高級昆布は8キログラムの束で24枚ほどだが、質が悪ければもっと枚数が多くなる）、何しろここは日本だから、見た目は品質を決定する最大の要素となる——まっすぐで均一な形をした昆布が最も珍重されるのだ。つまり、究極の昆布とは、天然ものを天日干しした、パスポートのように分厚くて、光沢があって、形が左右対称の昆布だ。

昆布の種類が違うと、だし汁の風味も大きく異なる。繊細で軽い味から濃厚でしっかりした味までさまざまで、どの場所で育ったかによって、あるいはその年々によって、違ってくる——ワインと同じで、天候がその年の昆布の味に大きく影響するからだ。利尻昆布の最高級品は、温度と湿度の管理ができる貯蔵庫で2年間熟成させる蔵囲《くらがこい》を経て、グルタミン酸塩の風味がさらに引き出されている。昆布のソムリエ、「コブリエ」は、こうした昆布を高く評価する。

乾燥した昆布は、ヴェンタリパスタ（片側の縁がフリル状のショートパスタ）みたいに縁にしわが寄っているので、高級品として出荷するものは、100度の蒸気を当ててまっすぐにして折りたたむ。しわ伸ばし機みたいな装置を使って手作業で行うのだ。僕らは佐々木さんのトラックの後について、海岸伝いに西の方へ移動し、浜にあるぼろぼろの小屋で夫婦でやっているその作業を見せてもらった。ご主人がそっと1枚ずつ装置にかけて伸ばしたものを奥さんに渡し、奥さんは大ばさみで両端を切り落として整形し、長さ1メートルのものを三つ折りにして結束する。もう30年もその仕事をしているのだと、奥さんは言っていた。

この地域では、「天然」の昆布も獲れる。海底で育つおかげで、海面近くで育成される養殖物に比べて味がさらによく、ミネラルも豊富だ。でも、もちろん漁もずっとたいへんで、結果的に費用は倍かかる。養殖物以上に、生育は天候にも左右されやすい。「今年は、天然昆布はないに等しいですよ」佐々木さんはそう言った。「全部で50キロか60キロ程度かもしれません。例年なら100キロは獲れますよ。10月に低気圧が発生すると、海が荒れて海底がやられてしまうんでね」

気候変動でホッキョクグマが絶滅するとか、オランダが海に水没するとかいわれるけれど、気候次第で昆布が不漁になることをもっと心配すべきじゃないかな。少なくとも日本人は。昆布のことを考えたら、二酸化炭素排出量についてまじめに考える気になって、すべてのトイレの電源を切ろうと思うかもしれない。

僕らは、佐々木さんと女性たちに豊漁を祈りますとあいさつして、時間を割いてもらったお礼を言った。アスガーは、別れ際にまた山盛りのお菓子をもらい、エミと僕は昆布の包みをもらい、僕は佐々木さんにイギリスのお茶をあげて、また騒音の激しいダイハツに乗り込んで出発した。

ちなみに、薄暮の高速道路を札幌へと走っている最中、すぐそばの山の上の方に、なんと、まさしく大きな茶色い影が見えた。熊だ！　少なくとも、僕にはそう見えた。アスガーは、あれはウィーリービン〔車輪のついた大きなゴミバケツ〕だよと言った。

10 町家に泊まる——京都 1

翌日、札幌から大阪へ飛行機で向かう途中、富士山が見えた。富士山は完ぺきな山だ——裾野にゴルフ場が乱立しているとわかっても、初めて上空から見たときの神聖な気分は損なわれはしない。関西国際空港——日本の工学技術の真価が発揮された瀬戸内海の造成地——から、電車で京都へ向かった。都市開発によって街がどこまでも広がり、大阪と京都は今やひとつの巨大都市圏となっているのがよくわかる。ふたつの街の間にわずかに残る貴重な田園風景は、ほっと心をなごませてくれた。コンクリートの広がりは、実は反対方向の西へも続いていて、関西第3の都市、神戸とつながっている。

3つの都市とその住民に、さほど大きな違いはない。東京から370キロメートル西にある京都は、日本の文化、信仰の発展の礎となった地だ。794年から1868年までは、この京都に朝廷と宮家があり、国の精神と文化の中心を担っていた。皇室の伝統が受け継がれているおかげで、京都の人は上品で、とりすましていて、とてもよそよそしく、本音を言わないとされている。京都人は、遠回しな社交辞令や、京料理を誇りとしていることで有名だ。また、日本の名家は、住まいが東京にあっても、今も京都に家を持っている。

京都は内陸部に位置し、三方を山に囲まれている。そのおかげで、中世に拡大した中国文化の影響をあまり受けずに、書道、詩歌、芝居、絵画、陶芸などの芸術、そして言うまでもなく料理における、独自の文化を発展させた。

京都人は、世界一とは言わないまでも、日本一舌が肥えていると自負している。何といっても、京都は茶道発祥の地であり、洗練の極みを尽くした京料理のふるさとだ。料亭や旅館の個室で日本庭園を眺めながら食べる、ぜいたくで高価なコースのごちそう、懐石料理だって京料理から発展した。この街には今も2000前後の寺や庭園があるが、1920年代に京都を訪れた経験があるアメリカ陸軍長官のヘンリー・L・スティムソンが、第二次世界大戦中に京都への原爆投下を阻止して文化財を守ったという話はよく知られている。スティムソンは、京都の文化的価値を充分に理解しており、もしも破壊してしまったら、反米感情が永久に消えなくなると考えた。

京都の普段の食事は、豆腐や、豆腐の副産物である湯葉を中心とする「おばんざい」だ。湯葉は、沸騰させた豆乳の表面に浮いた膜で、そのままで、あるいは乾燥させて販売されるが、地球上のどんな食材よりもタンパク質の含有率が高い。京都には他にも、小麦のグルテンからできた生地のような、麩という興味深い食材がある。また、京都の人は東京の人ほどは外食をしない傾向があり、今も街の真ん中にある錦市場を中心とする根強い市場文化が残っている。

　おばんざいは、すばらしくヘルシーな菜食の料理で、脂肪分と糖分がとても少なく、野菜がたっぷり使われている。近年は、ダイコン、ナス、ゴボウ、カボチャ、キュウリなど、伝統的な地場野菜が復活して、京野菜というブランドとなった。こうした希少価値のある野菜は、東京の食通の間でも見直されている——単に一時的な流行かもしれないが、京野菜は風味が豊かだということも理由のひとつだし、何より、日本人はもともと外来品恐怖症なのに加えて、中国産食材によって健康が脅かされていることも大きな理由だ。賀茂ナスなんて、東京では最高にシックな食材だ。

　京都と反対に、大阪は圧倒的なスケールの大都会で、巨大なオフィスタワーがそびえ、ショッピングモールが次から次へとつながり、道路や線路をひとまたぎするフライオーバー（陸橋）があちこちにあって、人々は仕事熱心で柔軟性があり、トレンドや需要に敏感だ。大阪は昔から商業の街で、常に改革を繰り返してきた。大阪人の考え方は現実的だと言われ、常に革新的なものを貪欲に求めるところがある——大阪には30年以上昔のものはないと言ってもいいくらいだ。フランスのフィガロ紙で料理批評をしている重鎮（映画『レミーのおいしいレストラン』に登場する、棺桶型の書斎で仕事をする料理批評家、アントン・イーゴのモデルともいわれる）、フランソワ・シモンから、大阪は世界一の食の街だと聞かされていたので、僕は日本へ来たら大阪で食べることを何よりも楽しみにしていた。

大阪の食は、よく「食い倒れ」というひとつの言葉で言い表される。文字通り、「倒れるまで食べる」――肉体的にも経済的にも――という意味だ。大阪人の食欲は旺盛で、油で焼いたファストフードが好きだ。そして、日本のなかでは珍しく、小麦粉を調理した食品をよく食べる――なかでも有名なのは、たこ焼き（タコのぶつ切りが入った小さなドーナツ）、お好み焼き（いろいろなものが入っている分厚いパンケーキ）、きつねうどん（やわらかくてもっちりしたうどん。だしは少し甘めで、薄い豆腐を揚げたものが入っている）、そして串カツ（串刺しにして、パン粉をまぶして揚げたもの）だ。

一方、神戸は、京都や大阪よりも国際的な街とされている。山と海に挟まれて細長く伸びる神戸市には、国内で有数の影響力を持つ外国人コミュニティもあり、１００に及ぶ国籍の人が暮らすといわれる。神戸は古くから、日本のどこよりも海外との結びつきが強かった。１８６８～１９１１年には、横浜港と同じく神戸港でも、寄港する外国船に新鮮で質のよい湧水を販売した。今では、神戸市民は日本一多くワインを飲み、洋菓子のひとり当たりの消費量が他のどこの都市よりも多い（そういう僕も、アスガーとエミルと一緒に20軒もお菓子屋を見て回った）。しかも、コウベビーフという世界中で喜ばれる偉大な食材もある――大きな誤解を生むネーミングであることは、僕も後から知る。

京都駅に着いたのは、午前の遅い時間だった。かなり暑かった。9月の京都といえば、山に囲まれた地形のせいで、息が詰まりそうなほど蒸し暑いのが特徴で、札幌のようなすがすがしい気候とはまったく違う。

京都駅はとても立派な大聖堂のような建築で、10階部分まで広がる壮大なアトリウムに立つと、セント・パンクラス駅やライプツィヒ中央駅など、蒸気機関時代のヨーロッパの大きな駅も、小さな町の教会程度に思えてしまう。日本でも有数の人口密集地域であるにもかかわらず、ここもやはりとても静かで、落ち着いていて、秩序が守られているので、神経過敏な一父親としては、誰も人のバッグを盗もうとしたり他人をだまそうとしたりしない国にいるということに、言葉では表せないくらい大きく安堵していた。もちろん、日本にも犯罪はあるけれど、自分からけんかを売らない限り何も起こらないんじゃないだろうか。

リスンがインターネットで予約しておいた家の鍵を、オーナーの友人、ジュンコという人から受け取ることになっていた。ジュンコは市内の北東部にある京都市国際交流会館で講師をしている。僕らはタクシーに乗り、薄暗いたたずまいの町家（京都の伝統的な木造家屋）や巨大な鳥居のそばを通り抜けて国際交流会館に向かった。到着すると、ジュンコはまだ授業中で、外国人の生徒たちにたこ焼きの作り方を教えていた。

「タコボール」すなわちたこ焼きは、味のついたドーナツみたいなもので、歯ごたえのあるタコの足のぶつ切りがなかに入っている。大阪では、屋台で作りたてを売っていて、厚紙で作った「舟」に8個入って、みりん、ウスターソース、ショウガ、ニンニク、砂糖、酒、そしておそらくだし汁で作ったとろりとしたソースがたっぷりとかかっている。削り節がかかっていることもあり、たこ焼きの熱でふわふわと揺れている。

たこ焼きを作るには、直径3センチぐらいの半球形のくぼみが10個ほどついている、専用の鉄板が必要だ（北欧の伝統的なドーナツ、アブレスキーヴァーを作るための鉄板によく似ている）。ガスレンジの上に鉄板を載せて温め、ひまわり油かそれに似た油（オリーブオイル以外）をくぼみに入れ、たこ焼きの生地をくぼみの4分の3あたりまで注ぐ。この生地はさらさらの液状で、冷めただし汁、小麦粉、卵で作る（だし汁400ミリリットル、小麦粉200グラム、溶き卵2個分の割合）。材料を混ぜすぎてはいけないが、天ぷらの衣よりは少しだけよく混ぜる。それからタコの足——好みでエビを使ってもいい——、刻んだ紅ショウガ、ネギ、あるいはシーフードに合う辛味の強い野菜を投入する。ここからはタイミングがすべてだが、つまようじを使って焼けた生地をひっくり返していく。すると、まだ焼けていない中心部の生地がくぼみに落ちて、反対側の半球形が焼き上がる。

ジュンコの作ったたこ焼きを食べてみた。なかなかいける。トロトロのおいしい生地のなかに、弾力のあるタコの塊が入っている。でも、すぐに思い知ったけれど、焼きたてのたこ焼きには充分注意が必要だ。まず、つまようじで小さく割って猛烈に熱い湯気を外に出してから、用心深くかじらないといけない。

実演が終わった後、ジュンコが、カナダ、オーストラリア、南米などから来ている生徒を紹介してくれた。サーシャというセルビア出身の男性は、京都のレストランで働いていると自己紹介した。ぜひ来てください、と言っていた。

ジュンコと一緒にまたタクシーに乗って京都の街を走り、木々に覆われてなかが見えない京都御苑のそばを通って、上京区というところで降りた。

そこは、家がびっしりと立ち並ぶ一角だった。モダンで機能的に見える家もあれば、僕らが借りた家みたいに、古色蒼然としているのもある。道路に歩道はなく、道の際まで家の敷地があって、玄関と道の間の小さなスペースに、自転車やら鉢植えやらがところ狭しと並んでいる——狭い場所にぴったり納まるキャリーバッグみたいな小さな箱型の車が置いてある家もある。

僕らが滞在する家は、日本の伝統的な建築スタイルで、100年以上前に建てられたものだとジュンコが教えてくれた。引き違い窓にはメッシュのカバーがついていて、重厚な木製のシャッターもある。窓を開けると、目の前の手が届きそうなところに隣の家の窓があった。まさに、僕らが期待していたような本物の京都だと思った——特に、扉に鍵がついていないところとか。

家のなかは、ひんやりとして薄暗く、埃とジャスミンのにおいがした。1階には大きな部屋がひとつあって、床の間に置いてあるきれいな花瓶の他には何もなかった。布団は、押し入れにたたんでしまってあるとジュンコが教えてくれたので、みんなでその布団を出して、ちゃんとそろっているかを確かめた。「僕の枕、なんだか変だ」とアスガーが言った。日本で古くから使われている、そばがらが入った枕だった。小さなキッチンには2口のガスレンジがあったが、オーブンはなく――日本の家のキッチンには、小さなグリルはたいていあるけれど、オーブンはめったにない――部屋の畳の床には布団のような低いソファがあった。エミルが、床に落ちている小さな茶色の粒をたどっていくと、そのソファに行き着き、その下には大きなゴキブリが何匹もいて、それを見たリスンが、階段の中ほどにいた僕の指示に従って、靴の底で即殺した。「トランスフォーマーみたいだ！」アスガーが、最後の1匹がバリバリとつぶされるのを見てそう言った。

押し入れには、薄くて軽い、柄のあるドレッシングガウンも入っていた。それは浴衣というものだった。これはきっと何よりも涼しいはずだと思って、みんなでそれを着てみた。後から知ったことだけど、右前身頃を上にして着るのは、亡くなった人の死装束の着せ方なので、とんでもないエチケット違反になる（数日後にごみを出しに外に出たとき、近所の人が僕の浴衣の着方を見てわざわざ教えてくれるまでわからなかった）。エミルは、スパイダーマンのコスチュームに取りつかれていて、浴衣に愛着を示さなかった。

ジュンコが帰ってから、みんなで近所の探検に出かけたが、似たような家が並ぶ迷路のなかで、たちまち迷子になってしまった。

御所とそれを取り囲む御苑が近くにあるのはわかっていたが、道路名表示や目印になる建物がなく、持っていた地図は役に立たなかった。でも、それでも構わなかった。道に面している窓を覗いたり、京都の日常の細かなようすを——鍵をかけていない自転車が置いてあるとか、通りごとにミニチュアの神社があるとか、お香のにおいがただよっているとか——楽しんだりして、数時間散策すればいい。立ち並ぶ商店のひとつでは、開け放した店の中ほどで、年配の女性が繕いものをしていた。なかなかいいスーパーマーケットもあった。小さいけれどすごく新鮮な魚に、パーフェクトなフルーツや野菜、サシがたっぷり入って濃いピンク色をした驚くべき牛肉まであった。老舗の醤油の醸造所もあった。なかを覗いてみると、黒っぽい色の木の樽が3つあり、どれもが高さ3メートルか4メートルほどの大きさで、横にはしごがついていた。カウンターの奥にいた人に頼んで、はしごの上からなかを覗かせてもらうと、黒い醤油が底が見えないほどたっぷり入っていて、濃厚な香りと酵母のにおいがいかにもおいしそうだった。その他、僕らの家の周辺には、一輪車を売っている店や、僕も通っていたクッキングスクール、ル・コルドン・ブルーの卒業生が経営する、パリの店も顔負けのみごとなクロワッサンやタルトを売っているフランス菓子の店なんかがあった。

それから、通りでは、後ろ足を失くした犬に車輪をつけてやって散歩している女性とすれ違った。それを見たエミルが、「トランスフォーマー・ドッグだ!」と言った。ここは、どんなことでもあり得る町だと思えた。

少し歩いていくと、明らかに年代物と思われる木造の作業場があって、そこでは京都名産の小麦グルテンの食べ物、麩を作っていた。麩嘉《ふうか》というその店は、150年の歴史があり、皇室や数々の一流料理店に品物を納めてきたらしい。何代にもわたって続いてきた店の主の息子、小堀周一郎さんは、約束もせずに突然訪ねた僕らを親切に案内してくれて、この興味深い食べ物が、何百年も昔からある庭の井戸のおいしい軟水を小麦粉に加えて作られていくところを見せながら、説明してくれた。水を加えてでき上がった生地を流水にさらしながらこねていくと、でんぷん質が洗い流されて小麦のグルテンだけが残り、もっちりとしたゴムのような四角い塊となる。中国発祥の麩は禅僧とともに日本に伝わり、肉の代用品として鍋料理に用いられた。麩は茹でる以外に揚げてもおいしく、麩嘉ではさまざまな色や味の麩を販売している。小堀さんの一押しは、ベーコンとバジル風味の新製品だ。

家に帰る途中、雷が鳴る土砂降りの雨に遭って、ずぶ濡れになった。傘を持っていなかったので濡れていくしかなく、またしても少し道に迷ってしまった。風もすさまじく、木の枝が大きくしなっていた。ゴミバケツが、僕らをかすめるように道の向こうへすっ飛んでいった。東京で遭遇した台風と同じような状況だった。

僕らは嵐が過ぎ去ってくれないものかとかすかな望みを抱きながら、1軒の家の軒先で肩を寄せ合っていたが、5分後には風雨はむしろ激しくなった。僕らの後ろにある、玄関の扉のガラスに影が映った。その影は何度か現れては数秒間とどまり、また消えた。しばらくして、今度は、影が凸凹模様のあるガラスに張りついたと思ったら、突然扉が開いた。20代前半くらいの青年が困ったような笑顔で立っていた。早口の日本語で何か言いながら、アスガーとエミルを見て、僕らに手招きをした。

その青年が招き入れてくれたのは、典型的な洋風建築の家だったが、ひとつだけ珍しいのは、壁にも棚にもテーブルにも床の一部にも、いたるところにビートルズのグッズが飾ってあったことだ。「ビートルズ!」彼がそう叫んだので、僕は「イエス。ワォ、ビートルズは大好きだ」と答えて、マッカートニーのように親指を立てて見せた。彼は椅子に陣取っていたCDの山や、ファブ・フォー〈ビートルズの愛称〉のいかにも高価そうな陶器のフィギュアを片づけて、僕らに腰かけるように勧めた。それから1時間ほど、外では台風が猛威を振るっていたが、ユウゾウという名のその青年は緑茶を出してくれて、子どもたちには饅頭をふるまってくれたうえに、持っているほぼすべてのグッズを丁寧に見せてくれた。

ラッキーなことに、ビートルズは、もし僕が『マスターマインド』〈イギリスのBBC Twoで放送されているクイズショー〉に出演したら選ぶスペシャリスト・サブジェクトだったから、ユウゾウとはすぐに意気投合した。でも、彼が見せてくれた、ジョージ・ハリスン本人の巻き毛の束にはぎょっとなった。黄色く乾燥しかけたセロテープで、ケロッグのコーンフレークの箱の裏に留めてあった。

このときの台風が、東京で遭遇した台風よりもはるかに大型だったことは、後からわかった――治まる気配はまるでなかったが、そろそろ帰るべきだった。僕らはユウゾウの気遣いに礼を言って、名刺を交換し、家まで一目散に走った。走り出してみたら、ありがたいことに、ほんの数秒で帰り着けた。

僕らが滞在する家を、彼がどうして知っていたのかはわからないが――僕らの存在が近所の噂の種になっていたからじゃないだろうか――それから2、3日たった午後、帰宅してみると小さな封筒が玄関先に置いてあった。送り主はユウゾウで、なかにはコーンフレークの箱に貼りつけたジョージの髪の毛と、小さなカードが入っていた――From me to you――カードにはそう書いてあることが、後日わかった。

ありがた迷惑な存在もあった。玄関の扉のすぐ上にできた、スズメバチの巣だ。翌朝、コーラの缶ほどもある大きなハチの集団に急襲されて気がついた。何とかしなきゃならない。できれば誰かに頼んで。

僕はブンブンいう大きな音に追われて猛然と走り、ちょうど通りかかった、男の子をふたり連れた近所のお母さんに助けを求めた。びっくりした彼女は慌てて逃げ出したが、すぐに大きな殺虫剤の缶を持って戻ってきてくれた。でもその人は、超早口の日本語で何ごとか言ったと思ったら、またすぐに逃げ出した。今度は、はにかみながらも珍しそうにこっちを見ている息子たちを残したまま。彼女はもう一度戻ってきて、また何か言ってから、立ったままで待っていた。僕は、ぎこちなく微笑んだ。僕に何かしろというのだろうか？　思い切って、この恐ろしい昆虫たちにスプレーしろというのに違いない。アスガーとエミルが1階の窓から、同い年くらいの日本の少年たちを覗き見しているのがわかった。ふたりが遊び友だちを欲しがっているのはわかっていたので、僕は手招きした。浅はかながら、その瞬間、どういうわけかスズメバチのことは頭から消えていた。

エミルが、遊ぶときのいつもの調子で、元気よく玄関から飛び出してきた。その瞬間、待っていましたとばかりに、1匹のスズメバチがエミルのおでこのど真ん中を刺した。息子が悲鳴を上げたものだから、他のハチたちまでますます勢いづいてしまった。エミルを連れて家のなかへ駆け込むと、リスンがママのマジックでどこからともなく軟膏を取り出して塗った（白いカーペットに赤ワインをこぼしたときや、ウールのセーターに風船ガムがくっついたときに、なぜかうまく解決してくれるのと同じだ）。

エミルの悲鳴が治まりかけた頃、誰かが玄関をノックした。見ると、クリップボードを手にした、グレーのスーツを着た若い男性が自転車とともに立っていた。一瞬、害虫駆除の人には見えなかったけれど、でもきっとそうだと思ってその人について外に出ると、安全に距離を取ってから、さっきの近所のお母さんの殺虫剤をたっぷりとスプレーした。

効果はてきめんだった。スズメバチは巣から群がって出てきて、思い思いの軌道を描いて勝手に飛んでいったが、遠くまでは飛べなかった。10秒ほどで、神罰を受けたみたいに突然空から落ち始め、地面の上で痙攣したり泡を吹いたりしたあげく、最後には力尽きて動かなくなった。

男性は、クリップボードの書類にチェックをいくつか入れた。僕が支払いをしようとすると、彼は怖がるように慌ててお辞儀をして、自転車に乗っていってしまった。さっきの近所の人にお礼を言うと、彼女は僕らを家に招いてくれて、お茶と饅頭と、気まずそうに微笑むだけの沈黙でもてなしてくれた。

その晩、友だちになったエストニア人の関取、把瑠都が、大阪場所で7連勝するところをテレビで見た。ということは、上の階級に昇進する可能性が高まったわけだ。実は、3日目の取り組みでは、忘れられないシーンがあった。「見て」アスガーが言った。「この人、オムツがはずれかけてる!」取り組みの真っ最中にふたりの関取の動きがピタリと止まって、行司が把瑠都の相手のまわしを結び直した。その後、ふたりはさっきとまったく同じ位置から、何ごともなかったかのように取り組みを再開した。アスガーとエミルはその光景に完全に見とれてしまい、その晩は僕とリスンの前で何度もそのシーンを再現してみせた。

日本のトイレについてあれこれ言わないと約束したのは、もちろん覚えている。便座から水やスチームが噴き出すとか、音楽や流水音が鳴るとか、トイレに行くと21世紀の新技術が体験できるとか、そんな話は誰でも聞いたことがあるはずだ。でも、アスガーにとっては、まったく初めての経験だった。僕らが滞在した家はほぼすべてが古風な様式だったが、ただひとつだけ、アポロ13号よりも進んだ超小型演算装置が使われている場所があった。それは水洗トイレだ。これまで僕が見たなかでも、最新式のトイレだった——新聞の朗読以外なら、本当に何でもやってくれる——すぐに何でもかんでも触ってみたがるアスガーが、コントロールパネルについている、おしりをすっきりきれいにする洗浄ボタンの機能を調べ始めるのに時間はかからなかった。その後アスガーはこのトイレに夢中になり、京都にいた3週間、しばらく姿が見えないと思ったら、必ずと言っていいほどそこにいた——便座に座って、夢見るようなうっとりした笑みを浮かべているのだ。

スズメバチに攻撃された日の夜——エミルのおでこにはビンディー〔インドの既婚女性が額につける赤い装飾〕みたいな赤丸がついていた——僕らは、京都の東部を流れる鴨川べりを散歩した。水面をかすめながら飛ぶサギやコウモリが月明かりに照らされていた。カップルたちが、土手のスロープに足を投げ出して座っている。車の音や騒々しいパチンコ屋の音、堰を流れる水音が遠くで聞こえた。川の西側には、先斗町《ぽんとちょう》の料理屋の、提灯で飾られた高床式の露台が並ぶ。先斗町というのは、芸事を職業とする芸者が出入りする店がたくさんある夜の町で、日本には今も5000人から1万人ほどの芸者がいるといわれている。

しばらく散歩してから、僕らも料理屋に入ってその川岸の露台に腰を下ろし、醤油で味つけした柔らかくておいしい牛ほほ肉にありついた。エミルは、パリパリに焼けた鶏軟骨の焼き鳥を、むしゃむしゃと幸せそうに食べた。軟骨の焼き鳥は、エミルの大好物の日本料理になった。隣の高級料理店との境目にある竹の柵越しに、時折、蝶々のようなキモノやつややかな黒髪がちらちらと見えた。残念ながら、それが芸者の世界に最大に近づいた瞬間だった。

11

世界一美しい食事──京都 2

僕が知っているなかで一番美しい料理本といえば、豊富な写真で京都の料亭、**菊乃井**の料理の四季をたどる『KAISEKI』だ（『菊乃井─風花雪月』村田吉弘、久間昌史著、講談社インターナショナル、2006年刊の英語版）。著者は菊乃井の主人で料理長でもある村田吉弘氏で、エル・ブジのフェラン・アドリアとノブ・マツヒサが序文を書いている。

この本に載っているレシピは、気が遠くなるほど手間がかかる──14種類もの素材を下ごしらえしておかなければならないものもある。でも、圧倒されるほど美しくて、どれもが季節の食材をみごとに引き立てている。

シンプルな料理は、たとえば、トマトの冷たいスープ（トマト擂り流し）だ。「トマトを裏ごしして、できた汁の半分を、量が少なくなるまで煮詰める。そこへ残りの半分の汁、塩少々、薄口しょうゆ、レモン汁を加える」それでおしまいだ。もちろん、最上等のトマトをちょうど食べ頃に直接もいで使えるかどうかにかかっているけれど、このシンプルさは真似ができるものじゃない。

懐石というのは、日本の料理の頂点に立つ伝統ある食事のことだ――現在の懐石は、最高に洗練されたパフォーマンスアートのコース料理ともいえるが、禅のように、ふたつの相反する原則のなかで発展してきた。そして今では、欧米の多くのシェフも、懐石が料理の究極の表現の象徴とされるのももっともだと認めるようになっている。

京都は懐石の本場だ。14世紀から〈懐石のスタイルを最初に確立したのは16世紀の千利休だとされる〉この地で始まった懐石は、もとは茶会の席で出される軽い食事で、公家や時の権力者たちに好まれていた。また、17世紀初頭から19世紀の終わり頃まで、日本は諸外国との交易をほぼすべて禁止する鎖国を行っていたため、茶道を初め、歌舞伎、生け花、書道、詩歌、文楽など、近寄りがたいほど高尚な娯楽が日本独自の様式で発展を遂げた。

当初の懐石は、味噌汁と3つのおかずだけという簡素な形式で（「一汁三菜」は、欧米でいう「meat and two veg」〈肉と2種類のつけ合わせ野菜〉と同じで、今もあらゆる日本料理の基本だ）、タンニンやカフェインなど、茶会の客が空腹のままでいきなり飲むのは好ましくない成分の刺激を和らげるために出されていた。そうした茶懐石と呼ばれる料理が、菜食料理である精進料理や京都の郷土料理の影響を受けて進化したのが、今日の9品もあるようなコース料理の懐石で、常連だけが入れるごくわずかな高級料亭で日本の業界の大物が大枚をはたいて食べている。

茶事に伴う料理が懐石と呼ばれるようになったのは、江戸時代になってからのことだ――昔の僧が冬の時期に空腹をしのぐために懐に温めた石を入れていたことにちなんで、その名がついた。カタリーナ・クウィルトゥカの興味深い著書『*Modern Japanese Cuisine*』〔現代の日本料理〕には、そういう歴史が記されている。クウィルトゥカによれば、日本人は懐石を伝統料理として崇めているが、今日の懐石を生み出したのは、ふたりの20世紀の偉人、芸術家にして美食家の北大路魯山人と料理人の湯木貞一（吉兆創業者）で、それが戦後の経済成長とテレビの料理番組という、経済的、社会的刺激を受けて発展した。つまり、現代の懐石のルーツは、「トリック・オア・トリート」のルーツと同じくらい深くて複雑というわけだが、まあ、そのあたりは気にしなくてもいい。

京都にある懐石の高級料亭は、どれもが世界有数のみごとな庭のある伝統的な木造の大邸宅で、そのほとんどが街の東側の寺の多い地区にある。畳の部屋には、値がつけられないほど高価な掛軸や焼き物が飾られ、料理が盛られる器や漆器は数百年も昔のもので、数百万円の価値がある。使われている食材もやはり一級品だ。辻静雄が『*Japanese Cooking : A Simple Art*』に書いているように、日本人がいう季節の素材とは、たとえばナマコの卵巣のように、1年のうちほんの2、3週間しか手に入らないものを指す場合が多い。ナマコは年に一度だけ卵を持ち、その卵巣が新鮮なうちに食べるのだ。こういう貴重な食材を、懐石の料理人はとても重んじる。そして、皿や鉢も季節に応じてさりげなく取り換えられる。懐石を解読するヒントは、汁物が入っている鉢は、おそらくもっと有名な鉢を倣った作品で、オリジナルの鉢と同じ季節を表現しているというところにある。

僕は、絶対に懐石を食べたいとずっと思ってきた。だけど、京都の料亭はべらぼうに値段が高いうえに、「外国人お断り」という暗黙のポリシーがあるところが多く、日本人でさえ誰かの招待がなければ入れてもらえない店があるほどだ。でも、村田氏はそういう懐石の世界の名匠としては珍しく、テレビに出演したり本を出版したりして、長年日本の内外から注目を浴びてきた。しかも彼は、若い頃にフランスで修業を積んだうえで父上から菊乃井を受け継いでいて（父上は、そのまた父上から受け継いだ）、肩の力を抜いて懐石の伝統と向き合っている。たとえば、彼は懐石の料理人としては初めてフードプロセッサーを使ったが、そのようなやり方は、下ごしらえは手を抜かずに手作業でするという懐石の本質から外れると考える人が今もいる。また、懐石の流儀をあくまで忠実に守る料理人とは一線を画し、村田氏はカモやフォアグラなどの肉料理も作る。彼は、料亭は「大人のアミューズメントパーク」だと言っている。

日本人のなかには、外国人が懐石を正しく理解するのは無理だと言う人がいる。象徴主義的なところ、模倣の模倣、あそび心、季節をめでる機微、ひと皿の量の少なさなどは、確かに理解が難しい。でも、それでも僕は懐石をもっと知りたかったから、村田氏の料理を食べられるのならば、それは自分にとって最大のチャンスだった。

リスンと相談した結果、アスガーとエミルに、数時間もの間おとなしく座って格調高い夕食を食べろというのは、必要以上に我慢を強いることになると意見が一致した。しかも、子どもたちは料亭の静寂な雰囲気にはそぐわない。ベビーシッターがいない以上、結局、僕だけで食べにいくことにした（信じてほしい。日本にいる間に、僕はさまざまなところで自分だけ勝手に夕食を食べたけれど、このときだけは、必ずふたりでもう一度行くからと固く約束した）。霧がかかった蒸し暑い夜、僕は京都の東側の寺がたくさんある地区、東山へ向かった。その途中で、黒沢の映画に出てくる、１２００年の歴史を持つ東寺をタクシーから眺めた。雲が低く垂れこめて街を取り囲む山々を包み、日が暮れて大勢の観光客も姿を消して、石畳の路地に聞こえるのはカラスの鳴き声と蝉の声だけだった。

凝ったつくりの広い木造の建物に着くと、オーストラリア人の女性が、店の雰囲気に呑まれてしまったからか、案内の人が靴を脱いでくださいと言ったのを誤解して、ひざまずいてなかに入ろうとした。それを見た店の人は大慌てで彼女に近寄り、手を貸して立ち上がらせようとした。ひとつ間違えば自分がこうなっていたと、僕はひそかに思った。懐石といえば、儀式張っていて作法にうるさいという恐ろしいイメージが強く、きっと僕も食事が終わるまでには何かやらかすに違いないという気がした。

案内されたのは広い畳の部屋で、梁は木製、天井にも木が精巧に組んであり、壁はベージュ色の土だった。部屋の奥には、赤い漆塗りの低いテーブルがひとつだけあって、座椅子――背もたれと座面だけで脚はついていない――がひとつ置いてあった。僕はひとりきりで食事をすることになりそうだ。座椅子をきしませて腰を下ろし、静寂な空気を吸い込み、大きな板ガラスの窓から月に照らされた中庭を眺めた。どこか後ろの方で、静かに鳴るエアコンの音がした。

気持ちよくリラックスした気分になったところで、着物姿の若いウェイトレスが酒を注いでくれた。菊乃井の自前の酒で、精細な味わいのなかに花の香りのニュアンスがたっぷりとあり、これまで飲んだなかで一番おいしい。しばらくしてまた現れた彼女は、今度は籠をひとつ手にしていた。彼女がふたを取ると、なかには旬の川魚、アユが入っている。ピチピチと跳ねて光り輝き、活きがいい。ウェイトレスはアユを指し、これを料理したものに後でお目にかかれると言って、ふたをもとに戻してから部屋を出ていった。

次に現れたのは、きちんと髪を撫でつけた年配の女性だった。その人は、ミセス・ムラタだと英語で自己紹介した。料理長の奥さんだ。「ここは、特別なお部屋なんです」彼女は、穏やかに微笑みながらそう言った。「舟のブリッジとおんなじで、ここにいたら、来るものも行くものも、みんな見えるんです。春には庭の桜が満開になります。そのときにまたお越しやす」

ぜひそうしたいと、僕は答えた。僕らは、子どものことや、菊乃井の料理の始まりであり終わりでもあると彼女が説明した四季のことについて、おしゃべりをした。敬愛するご主人も話題にした後、彼女はお辞儀をして、食事を楽しんでくださいと言って去っていった。

懐石の最初の料理は先付で、村田氏によれば、一番重要な料理だ。「お客さんにひと息ついていただくためのもの」と彼は著書に書いている。その日僕が食べた先付は、クルミの豆腐にデラウェアのブドウを添え、小さなシソの花があしらわれて、だし汁のジュレ――葛の根でとろみがつけてある――がかかっていた。冷たく清涼感のある豆腐のなかのカリカリした食感が気持ちよく、生わさびの遊び心のある辛みが効いている。心地よくて刺激的な味わいは、すべてあっという間に消えてなくなった。

季節のテーマを際立たせた煮物椀は、菊の葉を浮かせただし汁だった。この原稿を書いているのは、菊乃井を体験した数週間後だが、今でも、柚子の風味が効いた透き通っただし汁のそこはかとない香り、柔らかくて弾力のあるハモ（形は鰻によく似ているが、骨ごと食べられるようにするために、1インチ当たり20回も包丁を入れて骨を切る）、薄く切った貴重で高価なマツタケ――ジャパニーズ・トリュフなんて呼び方もされ、香り豊かな森を感じるキノコ――、そして金色に輝く三日月形の卵豆腐などの記憶を呼びさますことができる。この料理に込められたメッセージは秋で、鉢の底にあったご飯のおこげは、パリパリした食感が損なわれないように、この料理がまさに厨房から運び出される寸前に加えたのに違いない。刺身、軽く炙ったカマスの鮨、すまし汁、麹漬けのカモの胸肉、栗の実が入ったご飯、漬物――ゆったりとしたペースで料理が次々と出てくるのにつれて、僕のベルトは、中身の詰まった樽の箍《たが》みたいにだんだんと伸びていった。ひとつひとつの料理が――ここに書いたのは、その晩僕が食べたコースの一部だ――綿密な計算によってひとつのコースを構成して、きちんと盛りつけられ、かわいらしく、逆らい難い風味と食感に満ちている。

その日食べたなかには、今思い出してもうっとりしてしまう料理があった。それは、コオロギを入れるような竹かごに覆われて出てきた八寸だ。かごをはずすと、サイコロ状のハモのそばに、やはりサイコロ状のケーキにしたハモの卵（卵焼きのようにも見えたが、もっと荒い舌触りで魚っぽい風味がふわっと漂った）、それに、酒をかけた歯ごたえのあるほろ苦いぎんなんと、ゴルフボールくらいの大きさの焼いた栗の実が添えてあった。一番上に載せてあったものは、初めは松の葉に見えたが、実は抹茶を練り込んだ細く繊細な麺だった。塩で味つけしたアユの内臓を、身をくり抜いたスダチ（かんきつ類の一種）の皮に詰めたものも一緒に添えられていた。

村田氏はこの料理について、「友が旅立つときのような寂しくセンチメンタルな気分を感じて」ほしいと著書に書いている。つまり、この日の料理でいえば、秋が深まってコオロギが去っていくというわけだ。懐石の特色は、季節の移ろいによって生まれるこのような切なさで、それが新たな素材の利用にもつながる。彼は、また別の料理について、「花咲く桜の木の下、緋毛氈を敷き、花見弁当を広げたとこに、ひらひらと優雅に舞い降りてくる花びらが見えたらいいと思います」とも書いている。ゴードン・ラムゼイ（ロンドンに構える3つのレストランで、ミシュランの星を合計

７つ獲得しているシェフ」がこんなことを書くとは、とても想像できない。

ちなみに、最初に見せてもらったアユは、その後、塩を振ってまるごと焼かれて出てきた。川の流れのなかで飛び跳ねる姿そのままに、身がS字型になるように串が打たれていた。


翌日、村田氏本人と会う貴重な時間を得て、僕は再び菊乃井へ行った。通されたのは広い応接室で、前庭が見渡せたが、室内はなぜかそぐわない感じの19世紀のフランスのアンティークで飾られていた。後から入ってきた村田氏は、がっしりした体格の人だ。短い黒髪にウェーブがかかっていて、生活感のあるクルミみたいな顔をしている。厳しくて生真面目な禅僧のような人を想像していたけれど、実際の村田氏はのんびりとした堅苦しくない人だった。彼は温かい笑みを浮かべて、自分の向かい側に座るように言ってくれた。

僕はまず、前夜の食事のお礼を言って、食べた料理や食材について少し話をした。食に関してはやはり京都が日本随一の街だと彼は思っているのか、僕はそこを知りたかった。菊乃井が東京にも店を出しているのは知っていたので、いつまでも京都がいいと思うのはやや昔の価値観に凝り固まりすぎじゃないかと思ったのだ。

「ええ、京都がやっぱり一番です」彼は、まるでそう決まっているというように言った。「東京の質は、ほんまのところは、落ちます。あそこで成功するのは簡単です。人がようけいてはりますから。あそこに店を出したのは、本物の日本料理を味わっていただきたいというだけの理由です。東京にはそういうものはありませんからね。それに、パリがフランスの玄関なのとおんなじように、東京は世界へとつながる玄関ですから」

1970年代、まだ若かった村田氏はパリで修業している。そのときの修業は、どうだったんだろうか？　彼の笑みが消えた。「フランス人は日本料理について何も知らんのやと、すぐにわかりました。みんなの笑いものにされましたよ。日本料理なんてちゃんとした食事やない、ただの食べ物やって言うんです。今でも、フランス人は好きになれんとこがありますね。彼ら、ちょっとおかしいんです。でも、そうは言うても、あそこがぼくの原点になりました」

僕は、村田氏の数十年後に同じような排外主義を経験した、友人のトシのことを思った。フランスと日本で修業を積んだ村田氏は、このふたつの国の料理をどう比較しているのだろうか？「僕は、日本とフランスの料理の違いはこういうことやと思います。日本料理では、僕らは食材は神様からの贈り物やと思うて、手を加えすぎんようにします。たとえば大根は、ありのままの姿形が最高やと考えるんです。僕に言わせれば、フランスのシェフは往々にして素材を変えてしまいたいと思っている。素材に自分ならではの個性を与えようとしています」言い方を換えれば、日本の料理人は神様からいただいたものを調理し、フランスのシェフは自分が神様だと思っているということか。村田氏は、これと同じことを本にも書いている。「若いときは、あらゆる食材に『味をつける』

ことが僕の仕事やと思うてました。でも今では、そのアプローチはおこがましいんやないかとわかってきました。『食材が本来持っている味を引き出す』のが僕らの本当の仕事じゃないかと考えるようになりました」

村田氏は、別の表現もした。僕が聞いた限りでは、そこには日本と欧米の料理の基本的な違いがにじみ出ていた。「オートキュイジーヌでは、異なる素材の風味を込み入ったやり方で加えたり重ねたりします。けど日本では、とりわけ京都では、主に野菜を中心に料理しますが、その目的は、それぞれの素材の、たとえば苦味とか、あまり好まれない風味を抑えるようにして、素材の本質的な味を引き出すことにあります。日本料理は、引き算の料理なんです」

世界が懐石に注目するようになったのは嬉しいことですよね、と僕は言った。「そうです、ほんまに、とても嬉しいです。世界から深い関心を寄せられる日が来るなんて、思うてもみませんでした。日本の料理は文明が熟成した時代に実にしっくり合うということに、世界の人が気づき始めたんでしょう。非常に多くの素材を使っていますが量は少しずつで、すべての料理をいただいてもちょうど1000キロカロリーほどです。これはぼくのライフワークですよ」村田氏は満面の笑みを浮かべて、深々と椅子にもたれた。

今、ニューヨークでは懐石の店が大流行ですが、世界を征服できると思いますか？　僕はそう尋ねた。「可能性はありそうですが、懐石は油脂を使いませんから、ほとんど脂っ気のない料理です。幅広く受け入れてもらうのは、そう簡単ではないでしょう。懐石を理解して、懐石のよさがわかるには、何回も食べて感覚を慣らしていただく必要があります。たとえば、初めてトリュフを食べたとき、あの風味をすぐには理解できませんよね。同じように、懐石を初めて食べた人には、あのおいしさはわかりません。調理していない魚が欧米で食べられるようになるまでには、どれほどうまみがあるかを知ってもらうまでには、かなりの年月がかかりました。今はまだ、欧米の人の味覚からしたら、懐石はとてもとらえにくいものやと思います。たとえばワサビはどうですか。あれは、わかろうとせな、わからん味でしょう。日本人は、パンを好きになるのに努力しました。初めは、あんこなんかを入れて甘くしたんです。フランスパンは日本人にとっては固すぎるので、自分らの味覚に合うように、軟らかくしたんですよ」

「それに、文化の違いもあります」村田氏は、そう続けた。「以前、アメリカで和食に招待されたことがあります。焼き鳥、鮨、照り焼きが出てきて、彼らはそれが懐石やというんです！　ノー、これは懐石じゃない、と僕は言いました。懐石にはふたつの要素がないといけません。身心の栄養と季節です」

前の晩に楽しんだ食事では、あの革新的で奇をてらった「モラキュラー・キュイジーヌ」にずいぶん近いと思える料理がいくつかあった。ジョエル・ロブションなどフランスのシェフが先駆けとなった欧米のマルチコース・スタイルの食事は懐石の影響を受けていることや、モラキュラー・

キュイジーヌのシェフたちがそれをさらに極端なところまで推し進めたことも知っているけれど、はたして村田氏は何か類似点があると考えているのだろうかと、僕は思った。

「フェラン・アドリアはいい友だちですし、もちろん、ここへ来てくれたこともあります。彼は天才ですよ。でも、僕の考えでは、食べ物はおいしいか、おいしくないか、おもしろいか、おもしろくないかのどっちかです。他の人が僕の料理を何料理と呼ぼうが、お客さんに喜んでいただくためならできることは何でもするというのが僕の哲学ですし、アドリアもおんなじ考えやと思います。彼のお客さんが液体窒素を使うと喜ばはるというんやったら、僕も異存はありません。僕が逆立ちした方がええんやったら、そうもします。もっとも、僕は逆立ちはできませんがね」彼は、そう言って笑った。「あえて言うならば、彼はマイナス270度で天ぷらを揚げるかもしれませんが、僕はやはり、そういう天ぷらよりも本物の天ぷらの方がおいしいと思いますし、味は見た目の驚きに勝ると思うんです。けど、そうは言うても、伝統を受け継いでいくには何かを守らんといけませんが、同時に伝統を破ることかて必要です。僕が料理するのはお客さんのためであって、自分のためでも後世の人のためでもありません。賞賛というものには、興味ありません」

話をしている間、彼の後ろの窓の下に広がる中庭では、ここで働く料理人たちが鍋や皿を持って駆け足で行ったり来たりしていた。歩いている人はひとりもいなくて、みんな小走りだった。それから、新調した最新式の厨房（あらゆるものが日本製）を見せてもらった後、村田氏は菊乃井で修業して6ヵ月になる若いアメリカ人、デレク・ウィルコックスを紹介してくれた。「思っていたよりもずっときついです」彼はちょっと参ったというようすで、そう言った。「毎日、朝6時から夜中まで休憩もしないで働いています」

僕は、「助けてください、人質に取られています」と書いてある紙切れでも渡されるんじゃないかと、一瞬想像した。では、いったいなぜ続けているのか？「自分でもわからなくなるときがあります。教えてもらうことの奥がすごく深いからでしょうか――ここにいれば、家庭料理から最高に洗練された珍しい素材まで、あらゆることが学べます。村田さんは若い料理人たちに対して、とてもオープンです。すべてを学ぶには、何十年もかかるかもしれません。1年目に僕がすることは、掃除、皿洗い、ふきん

洗い、寮の風呂掃除、野菜の下準備、魚の内臓とうろこの処理です――100匹以上処理する日もあります。でも僕は、料理を勉強するなら京都が一番いいと決めたんです」

前日、夜遅くに菊乃井を出たとき、空気は湿っていた。僕は、降り始めたばかりの雨と湿り気のある松のにおいがする空気を深く吸い込んだ。東山の路地は、人けがなく暗かった。黄色に柔らかく光る街灯がなければ、15世紀の街と勘違いしてもおかしくはない。気のいい芸者との逢瀬に向かうところだったかもしれないし、箸のエチケット違反か何かでサムライに切腹させられていたかもしれない。やがて角を曲がると、提灯とろうそくに照らされた大きな五重の塔の前に出た。僕は立ち止まって息をのみ、たぶんほんのつかの間だけれど、京都のスピリットの何かが垣間見えたような気になった。

12

流しそうめん――京都３

流しそうめんというものが実際には存在しないとしたら、どこかのフードライターが空想のなかで創り出した料理ということになってしまう。流しそうめんは他では見られない、信じられないような料理で、日本人でさえ、話に聞いたことはあっても実際に体験したという人はあまりいない。これは、純粋でシンプルで自然と調和するという日本料理が常に目指す目的の象徴のような、いわば伝説的な食事だ。

仕組みを説明しよう（なぜって、流しそうめんは、「どう作るか」じゃなくて、「どんな仕組みか」が大切な料理だから）。まず、料理人がそうめんを茹でる。そうめんというのは、小麦に水とごま油をほんの少し加えて作った超極細麺で（調理前の直径は１・３ミリくらい）、長く伸ばしてロープのように束ねて乾燥させる。つまり、日本版のヴェルミチェッリやスパゲッティーニだ。次に、ゆで上がったそうめんを、目の前を流れる山の急流に少しずつ落として流す。麺は、流れを下る間に氷のように冷たい水で冷やされ、川の上にしつらえた川床という板敷の座敷に座った客が、流れてくるそうめんを箸で引き上げて、つゆにつけて食べる。ちょっと考えられないようなファストフードの配膳システムみたいで、健康面や安全面の問題もないとはいえない。

　アスガーとエミルに、流しそうめんのことを説明すると、ふたりは「そう、それで?」と言いたげに肩をすくめ、すぐに、新しく手に入れた無限に続くバブルラップのおもちゃ(∞プチプチ)に戻ってしまった(こういう虚しくてふざけた小道具は、日本人じゃないと考えつかない)。日本へ来て1ヵ月半がたち、子どもたちは風変わりな料理にもあまり感動しなくなっていた。川のなかから夕ご飯をつまみ上げるからって、それがどうかしたのか? という感じだ。

　京都の街を囲む山から流れ出る、新鮮で、清らかで、澄んでいて、軟らかな水は、かの有名なミネラルたっぷりの豆腐はもちろんのこと、絶品の酒、お茶、懐石の基本となるだし汁にも欠かせない材料だ。流しそうめんを食べさせてくれる料理屋が市内のそう遠くないところにあることを、今回の旅の前に山ほど読んだガイドブックのなかの1冊で知ったというのに、その肝心の1冊を家に置いてきてしまった。その店がどこにあるか知っていそうな人に片端から尋ねても答えが得られないまま数日が過ぎて、あれはやっぱり観光客や水の関係者が広めたただの伝説じゃないかと、僕は思い始めていた。ところが、市内にある古くて雰囲気のある町家——間口が狭く奥行きが深い木造の家で、16世紀に京都で導入された間口税の節税のために作られるようになった——で、着物を販売する年配の女性と会ったとき、ついに道が開けた。その日、僕らは古い年代物の着物が欲しくて、ぶらぶらと店を回っていた。僕は単純に、せいぜい1時間かそこらで終わるプロジェクトだと勝手に思っていたが、結局ほぼ午前中一杯をそれに費やした。考えてみればわかることだけど、京都には古い着物が数限りなくある。僕としては、そのなかの相当数について僕なりの意見を言うべきだと思っていたが、アスガーとエミルは次第に退屈が募って爆発しそうだった。

そんなとき、希望の兆しが見えた――ある店の人が、僕が想像で描いた流しそうめんの絵を読み取ってくれたのだ。そして、彼女が知る日本に2軒ある流しそうめんの店のうち、1軒が京都の郊外の山の鞍馬貴船町という小さな温泉街にあるとわかった。彼女は**ひろ文**という料理屋の名前を漢字と英語の両方で書いてくれて、行き方を詳しく説明してくれた。まず、市内の北東部から電車に乗り、終点の手前の駅で降りて山道を上る。道は一本道で、すぐそばを流れる川に沿って貴船神社（水の神様が祭られている）の方へ歩く。駅からそう遠くはないと、彼女は言った。

もう9月も終盤だったので、流しそうめんのシーズンはそろそろ終わりだと彼女は言った。そして、ひろ文に電話をかけて、まだやっているか確かめてくれたところ、何と、翌日から冬のシーズンに入るため、その日が最終日だとわかった。流しそうめんを食べる、最初で最後のチャンスだった。

大急ぎで近くの駅から地下鉄に乗って市内を縦断し、さらに、北部にある松の木に覆われた深い緑の山のなかへ向かう電車に乗った。そして、およそ1時間後、着物の店の人が言っていた、貴船川沿いにある駅で電車を降りた。駅長さんに尋ねると、流しそうめんの料理屋までは、歩いて5分ほどということだった。「川沿いの道をずっと行ってください」一本道で、川の反対側は足を踏み入れることもできないジャングルだというのに、彼はわざわざそう言った。

これが、その日のつまずきの始まりだった。「5分だって！　それぐらい歩けるよ、問題ない」僕は勇ましくそう言った。「本当なの、マイケル？　ずいぶん急な坂よ。歩道もないし」リスンがそう応じた。アスガーとエミルは、路上で見つけた巨大な毛虫の死骸に夢中で話に入ってこなかったので、ハイキングらしい元気なメロディーを口笛で吹く僕を先頭に、みんなで歩き始めた。

けれども、ランチ目当てのリクリエーションのはずだった家族の遠足は、たちまち、予想外にチャレンジングな遠出になってしまった。山道を1歩進むたびに、毒蛇の死骸が転がっていたり、動物園の塀の外では見たこともない大きさのクモが巣を張る枝が目の前にぶら下がっていたりするからだ。

2、3分ごとに、初めはエミルとアスガーが追いつくのを待って立ち止まり、そのうちに僕が追いつくのを待って立ち止まってもらい、そうやって1時間以上も歩き続けた——川の浅瀬が、僕らののどの渇きを見透かしたようにきらきらと光っていた。こんなに蒸し暑いなかを山登りするなんて、何年ぶりだろうか。しかも、ふいに襲ってくるバスのおかげで、たびたび山側の茂みに飛び込まなければならなかった。僕は不機嫌になり始め、リスンもランチの巡礼にまだ登り続けるのかといら立ちを募らせているのがわかった。でも、アスガーとエミルは、蛇の死骸をつついて楽しそうだった。
行く手の松の木の隙間から、文明の光が見え、さらに登っていくと、ようやく温泉旅館と料理屋を兼ねた店に着いた。と思いきや、それは僕らが目指す店ではなかった。あたり前かもしれないが、ひろ文があるのは町の一番奥で、そこからまだ20分歩かねばならなかった。途中、木造の料理屋や旅館を10軒以上も通り過ぎた。ほとんどが川の上に板敷の座敷を作っていて、赤い提灯に柔らかな光がともり、大勢の人が楽しそうにくつろいで食事をとり、豪華な着物姿のウェイトレスが行き来していた。

やっとのことで、ひろ文に到着した。下を見ると、流れる川の上に座敷が作られている。客は誰もいなくて、ウェイトレスは、ウェイトレス養成学校でそう教えられでもしたのか、舌打ちをして迎えてくれた。彼女は、僕らを案内しても構わないのかが、わからないみたいだった。店主に尋ねるために厨房に消え、しばらくすると戻ってきて、しぶしぶテーブルに案内してくれた。ついに、流しそうめんに挑戦だ――山を流れる川の神様と心を通わせられる。

急な木の階段を下り、納屋のような竹の小屋の横を通って川のそばへ行った。浅い川から30センチほど上に張り出している畳の座敷に座ると、底にある苔の生えた岩が見えた。そして、僕らのすぐ目の前には、亜鉛メッキの溝があった。その溝は、客の席の前にある細長いカウンターに沿いに伸びていて、少し離れたところにある木の小屋から出ている筒につながっていた。

つまり、料理人が川に直接麺を落とし、そのまま流れてくる麺を、幸運にも森の理想郷を訪ねた僕らが引き上げるのではなく、ほんの数メートル先の小屋に隠れているウェイトレスが、その溝にそうめんを流すのだった。

何だか期待が外れてしまった。ウェイトレスが小屋の隅っこから顔を突き出して、今から流すと合図をした。最初のそうめんが勢いよく流れてきて不意打ちを食らった瞬間、僕はあることに気づいた。僕が座っていたのは一番下流で、僕より上流に腹ペコの人間が3人もいたのだ。3人とも、食事中は控えめに振る舞おうなんて思ってもいない。言うまでもなく、ランチ争奪戦で僕がありついたのは、ほとんどが残り物だった。流しそうめんの弱点はそれだけじゃないことも、すぐに思い知った。流れる麺を引き上げて、つゆにつけて食べれば食べるほど、つゆはどんどん薄まっていくので、何口か食べただけで、水っぽい麺をもっと水っぽいつゆにつけることになってしまう。でも、僕らは空腹を満たすことに必死で、この配膳システムが僕らの欲求を手っ取り早く、効率的に満たしてくれたのは確かだ。

やがて、梅味のピンク色の麺が流れてきた。それが出てきたら食事はおしまいだと、最初にウェイトレスから聞いていた。「すごいね！」アスガーがそう言った。「ごはんは全部こうだったらいいのに。バーガーとかも、全部だよ」

13

酒の危機──京都4

日本酒の醸造業は危機にある。何世紀もの間、この国で最も人気のあるアルコール飲料であり、酒税による歳入が大きいために経済のうえでも重要だった日本酒の消費量は、もう何年も下降線をたどっている。今、日本人が飲む酒の量は、30年前の3分の1を少し上回る程度──1975年の1・7メガリットルに対して、現在は70万キロリットルだ。1965年以降、大多数の日本人が選ぶようになったのはビールで、最近ではワインもどんどん飲まれるようになった──ビールもワインも国内生産はかなり成功している（日本のビール：すばらしい。日本のワイン：僕が飲んでみたから、みんなは飲まなくていい）。

酒の醸造所は日本中で次々と閉鎖に追い込まれ、破たん寸前のところも多い。酒造は、きつくて大きな労働力が要る割に利益が少ない事業で、日本の若い労働者は、不快な環境であくせく働いて誰からも見向きもされないようなアルコール飲料を作るよりも、オフィスや店舗で働きたがる。すなわち、酒醸造の技術は、完全消滅の危機に直面しているのだ。酒醸造の世界は、この伝統主義的で階層主義的で優越主義的な日本のなかでも、とりわけ伝統性が強く、上下関係が厳しく、排他的だ。ごく最近まで――場合によっては今現在も――事業というよりは、まるで男子修道院のような形で運営され、外界に対して扉を閉ざし、改革に消極的であり続けた。

それだけに、酒造について話を聞ける人がイギリス人と日本人女性だとわかったときは、まさかという気持ちだった。僕はまず、イギリス人の方に会ってみることにした。その理由は、興味深い酒の世界を教えてくれて、火酒の洗礼を授けてくれたのが、彼だったからだ。

フィリップ・ハーパー氏と待ち合わせたのは、広島市街から1時間ほどのところにある大きな運動公園だった。駐車場に着いたときから酒のにおいがして、ライスワインの甘い酵母の香りがそよ風に乗って漂っていた。体育館のなかでは、日本の一流の酒蔵がそれぞれに製品を展示して互いに味を比べ合っていて、強烈なにおいがこもっていた。10列に並べた架台式テーブルの上には、緑色の酒の瓶がぎっしりと誇らしげに置かれ、それぞれのテーブルの前では、熱心な酒愛好家がプラスチックのテイスティングカップをこれ見よがしに持ちながら辛抱強く列を作っている――その数は全部で500人ほどだ。体育館内は静まり返っていて、グラスや磁器がカチッと当たる音だけがときおり聞こえ、そこにチュッとすすり飲む音や大げさににおいをかぐ音が混ざる。ビニールシートを敷いた床は、こぼれた酒でベトベトだった。僕もプラスチックの容器を持ち、僕以外のただひとりのヨーロッパ人――フィリップ――の少し後について、列のひとつに並んだ。

いよいよ、テーブルの前でテイスティングの開始だ。それぞれの酒瓶の前には、青い渦巻き模様がついた灰皿みたいな小さな器が置いてある。昔から、酒の色や透明度を見極めるために使われてきた器だ。その器に入っている各種の酒を、スポイトで自分のカップに移して味見する。

最初の酒を味わってみた。瓶の首に金メダルがかかっていて、いかにも期待できそうだ。華やかでフルーティーで、ミルクに似た粘り気がある。ふたつ目は、少し酸味があり、酵母のにおいがして、それほどでもない。3つ目を試す頃には、というか、3つ目からあとはずっと、僕のテイスティングノートは「石油っぽい」だけだ。どうやら僕には、酒のニュアンスを理解するだけの味覚がないみたいだ。

「ここには、つまらないものなんてないよ！」僕の姿を見つけたフィリップがそう言った。「みんながお互いにチェックし合うんだ。コンテストだからね。誰もがメダルを欲しがる。それが、おそらく酒の世界では唯一の勲章だから。私は銀メダルを取ったことがあるけど、今年はだめだった」

42歳のフィリップはぽっちゃりとした体形で、明るい茶色の髪がくるくるカールして、とても表情が豊かだ。僕は彼に、どういうことなのか簡単に説明してほしいと頼んだ。「ここにあるのは上級クラスの酒で、原料となる米の精米歩合は35パーセント」そのときの僕は、わけがわからんという顔をしていたに違いない。フィリップは話を中断した。

「酒について、少しは知ってるの？」

「えっと、まあ……」

「オーケー」彼はそう言うと、腕まくりをして話し始めた。「酒のグレードは、仕込みの前に、材料の米をどの程度精米するかによって決まるんだ。米を大型精米器にかけて、米粒の外側を磨き落とす。酒造りで何よりも大切な工程だ。ここに出品されている酒に使う米は、35パーセントまで磨かれていて、とても洗練されたタイプの酒ができ上がる。磨きの歩合が少なければ少ないほど、酒の洗練の度合いも低くなる」

なぜ日本では酒の消費が落ち込んでいるのか、と僕は尋ねた。「日本の消費者は、酒は時代遅れだと思っているんだ。それに、酒は自分で注いじゃいけない、一緒に食事をしている誰かが注いであげなくちゃいけないという、うんざりするしきたりもあるし。まあ、日本の企業社会も原因のひとつではあるね。上司が新人に酒を注ぎ続けるから、新人はつぶれるまで飲まなきゃならない。酒はそういうものだと思われがちなんだ」数年前、酒を飲むと口臭がして胃酸が増えるという噂があったような気もする――出どころはビール業界かもしれない――そういうことも、影響しただろう。

僕らは話をしながらテイスティングを続けた。口に含んだ酒はアルミの容器に吐き出しているにもかかわらず、だんだんと目がかすんでくる。ろれつも少し怪しい。フィリップは、酒の「メロンや、ハチミツや、酵母」の風味を書き留めろと言うが、僕にわかるのは「揮発油」の味だけだった。

「ありがたいことに、アメリカでは好調なんだ。向こうでは、酒が鮨ブームの後を追っているみたいで、かなりの愛好家がいる。ワイン好きの人が酒を好きになって、ワインにはない酒のよさをわかってくれた。酒はワインほど胃酸が出ないから、あまり悪酔いしないんだよ」

酒は、原料の米の精米歩合によって品質が分かれるが、甘口か辛口かという違いも細かく分類されていて、＋《プラス》15が最も辛く、－《マイナス》15が最も甘い。アルコール度数は、ワインよりも少し強い（14〜16パーセントくらいだが、水を加えていない原酒の場合は、20パーセントにもなる）。僕は、ワインの場合と同じように、日本酒についてもやたらと知識をひけらかす「サケ・スノッブ」がいて、そういう人はみんな辛口が好きなんじゃないかと、勝手に想像した。でもフィリップは、首を横に振りながら言った。「どのタイプでも、いい酒っていうのはあるんだ。酒通だと鼻にかけるような人は、それほどいないと思うよ。酒は、日本ではかなり過小評価されているから」日本人が、フランスワインやスコッチウイスキーに法外な金をかけるのは有名だが、それが酒となると、1本に1万円以上払う人はほとんどいない。そもそも、今回試飲したようなグレードの高い大吟醸でも、値段はせいぜい3万円だそうだ。「ここにある金メダルの酒でも、販売するときは、たかだか1万円だよ」フィリップは、そうつけ加えた。本物の酒好きは、異常なほど酒に情熱を注ぎ、特定のタイプの酒や米だけでなく、酵母にまでこだわったりする。さらに、酒愛好家は、ワイン・スノッブと同じようにあり得ないような直喩を使う――たとえばフィリップは、酒の香りを「スレートが割れたときのにおい」と表現した。

フィリップは、20年前に英語教師として初めて日本に来た。何か決定的なひらめきがあって酒に夢中になったわけではなく、日本の代表的なアルコール飲料のよさを徐々に理解したみたいだ。「日本に来たばかりの頃は、安物ばかり飲んでいたけど、上等な酒にはまってる連中と仲よくなってね」そこからはもう、何の迷いもなかった。1991年には**木下酒造**という造り酒屋で働くようになって、この飲み物が彼の人生となり、その後およそ10年の修業を経て杜氏という醸造の最高責任者に外国人として初めて到達した。決して簡単な道のりではない。「最初は、ほとんど無視されてたね。まるで、修道院に入ったようなものだよ。日本人が酒の味をわかるのと同じようにはわかるはずがないなんて言う人までいた。そういう人とは、話しても無駄だ」

僕の口は、いよいよ麻痺しかけてきた。「ほら、これを飲んでごらん。東京の酒だ。東京のは荒々しいとよくいわれるけどね」口に含んでみた。吐き気がしそうだった——強烈にフローラルで、やたらと甘く、酸味がきつく、ますます石油っぽい後味だ。

「これも飲んでみて」

「うわっ、これもひどい」

「ええっ、私が作った酒だけど」

もう何も味がしないんだと、僕は言いわけがましく言った。「かまわないさ。それほどのできじゃないから。それに、このイベントは最悪の状態の酒を並べているようなものだからね——室温のせいで悪いところが表に出てしまう。この室温でうまいと感じるのは、本当にうまい酒だよ」それなら話はわかる。

僕は、『*The Book of Sake*』という優れた酒のガイドブックの著者でもあるフィリップに、酒にまつわる通説について尋ねた。最も誤解を招いている通説は何か？「酒は蒸留酒だと思っている人がいまだにいる（酒は醸造酒で、ビールと共通する部分が多い）。冷やして飲むのは一番上等な酒だけで、それ以外は温めて飲むものだなんていう連中もいる。まったくばかげてるよ。みなそれぞれに、適した温度があるっていうのに、日本人でさえ酒のことは何も知らないんだ。それから、酒は寝かしちゃいけないという人もいる。長くとも2年までだって。だけど、ものによっては寝かすことができるし、個人的には、次は寝かした酒のブームが来ると思う。年数を経た酒は、ちょっとシェリーみたいで、すごくうまいよ。低温殺菌しない酒も、人気が出てきている——冷蔵庫で保存して早いうちに飲まないといけないけど」

欧米人は、料理との相性を考えてワインを選ぶことが多いが、日本人はこれまで、あまりそういうことをしてこなかった。ワインの場合、郷土料理に地元のワインがよく合うということもよくあるし、そもそもワインが食材のひとつになることだっていくらでもあるが、酒の場合も地域による特性があり、さらに、生産地が同じでも原料の米の種類と、言うまでもなく米の精米歩合によってひとつひとつ異なる個性が生まれやすい。辻静雄は、酒は、米の料理を食べながら飲むべきではないときっぱりと述べているが、その根拠は、酒も米から作られているので料理と酒がS極とN極のように反発するからだという心もとない理屈だ。フィリップは、辻には同意しない。「ほとんどの酒にはうまみが含まれているから（アミノ酸がたっぷりと含まれている）、たいていの料理に合う。酒は西洋料理とは合わないという人もいるけど、ちゃんと合うよ。酒にはうまみ成分がふんだんにあるから――イタリア料理なんかとは、特に相性がいい。よく、鮨を食べながらビールを飲む人がいるけど、あれは間違いだ。ビールは、鮨に使われている酢や砂糖とは恐ろしく相性が悪い。でも、酒なら、あらゆる魚とすばらしくよく合うんだ。それと、酒を飲むと二日酔いするなんていうのも、ナンセンスだよ」

もうすでに40種類もの酒を口にして完全に酔っていた僕には、それはいいニュースだ。別れ際に、ろれつの回らない舌であいさつをしようとすると、フィリップは、興味があるだろうからと京都の蔵元を紹介してくれた。

酒の醸造は、醤油や味噌の製造と共通点が多い――穀物（酒の場合は米）を収穫し、それを蒸してから発酵剤となる菌、すなわち麹を加え、2週間から2ヵ月ほどそのまま置いておく。そして、酒造りには充分な水が必要だ（繁忙期には、1日に10000リットルも必要で、できれば鉄分の少ない水質の方がいい）。京都の伏見というところは宇治川の流域にあり、天然の軟水がふんだんにあるおかげで、上質で品のよい酒の産地となっている。僕らが京都に滞在した頃は、ちょうど酒造りが始まる時期だったので（酒の醸造は冬に行われる。気温が低いので、発酵の管理がしやすく、雑菌の繁殖を抑えられるからだ）、僕はフィリップが紹介してくれた伏見17蔵のひとつ、**玉乃光酒造**を訪ねた。

玉乃光酒造は、純米吟醸酒を作っている小さいけれども質の高い蔵元だ。創業は1673年で、創業者の宇治田一族が現在も経営を担っている。30代前半の小柄で人懐っこい女性、アキラさんが、酒蔵を案内してくれた。新米の収穫が終わったばかりの時期で、酒造りの第一段階である精米が行われていた。あたり前のことだけど、精米する前の米は茶色い（残念ながら、日本人は白米を好むので、ビタミンやその他の栄養分がぎっしりと詰まっている茶色の殻を取り除いてしまう）。フィリップが言っていたように、酒を造るには、この茶色の殻をむいた後も、製造する酒の種類に応じてさらに少しずつ米を削っていく。最高級の酒は、真珠のように白く光るとても小さな粒になった米で作られるのだ。

5台の精米機の音が耳をつんざく。この日は特に、40パーセントまで精米しているということだった。磨き終わった米は、1ヵ月ほど休ませる。

「上手に発酵させるには、ゆっくりと発酵させるんです」アキラさんが大声で言った。「糖分もアルコールも加えません。でも、本当の秘訣は、良質のお米です。ここでは、当社が復興に尽力した古来の雄町《おまち》米を使用しています。雄町米は、背が高く脆弱なために栽培が難しく、収穫量が少ないのが現実です。日本酒の専門家でも、この雄町米がそもそも酒米だったことを知らない人がいます」

酒造業界が危機にあるというフィリップの意見をどう思うかと、アキラさんに尋ねた。「確かにそうです。売り上げは非常に厳しい状況です。20年ほど前、ワインがいろいろと好まれるようになってからは、よくありません。中国産の酒で評判を落としたということもありますが、日本酒は若者にとってはおしゃれじゃないんです。でも、アメリカでは、ずいぶんと喜ばれるようになってきました。あちらで高級ワインのマーケットに食い込むことができれば……」実は、この蔵元の社長は、そういう希望を持って翌日アメリカに出発する予定だった。向こうで、国外最大規模の利き酒会が行われるからだ。

「I am getting in touch with my inner bitch」と書いてあるTシャツを着た男の人が、作業をしている瓶詰め工程の蔵を通り過ぎた。それから、手を洗い、白い帽子をかぶって、壁の厚みが20センチもある、徹底した温度管理が行われている麹室《むろ》へ入った。

内部のにおいはすばらしかった——強い甘みと、汗と酵母のにおい。豊かに腐敗した、日本流の貴腐の香りだ——日本酒の場合は、蒸し上げた米に黄色い粉状の麹菌を植えて麹米を作る。麹によって米のでんぷん質が糖に変わり、発酵の準備が整う。「こういうふうに古来の方法で酒を造ると、少しずつ違う味わいの酒ができます。高品質の酒を造るには、人間の優れた勘、感触、味覚、嗅覚が必要です」アキラさんはそう言った。

その後アキラさんは、醸造の総責任者である杜氏の小林氏を紹介してくれた。40年以上の経験がある、背が低くてずんぐりとした、いかめしい風貌の男性だ。僕はおいしい酒を造る秘訣を尋ねた。彼は謎めいた言い方で「乳酸がうまい酒の鍵になる」と答え（アキラさんが意味を説明してくれた）、また米のようすを見に向こうへ行ってから、発酵1日目のもろみを見せてくれた——この段階ではまだ米は米らしく見え、蒸米が乾いたような感じだ。ところが2日目のもろみは強力な酵母のおかげですでに液化していて、少しかび臭いようなにおいがした。これから2週間ほどで、もろみの温度は放っておくと14度になるのだと、彼は教えてくれた。やがて、もろみは発酵によって泡立ち始める。ウミヘビが海面下で獲物を探しているみたいだ。二酸化炭素も大量に発生する。

帰り際、玉乃光酒造の最高級の酒を1本お土産にもらった。広島の利き酒がトラウマとなって以来、初めて味わう日本酒だ。フィリップが言った通りだった。とても濃厚な深いうまみとこくがあり、さわやかな果実の味もする。やっぱり僕も、酒のファンになりそうだ。

14
鯖鮨と豆腐――京都 5

日本のタクシーの運転手が、目的地がわからなくて諦めたという話はまったく聞かない。ところがその日、僕が乗ったタクシーの運転手は（20分ほどうろうろと探し回ったあげく）、とうとう敗北を認めるしかないと、ユーモラスに降参した。彼は、料金は要らないと手を振り、しょげたようすで頭を振りながら僕を降ろした。そこからは、当てもなく自分の足で歩くしかない。

京都へ来てから1週間以上がたち、僕はまだ対面できていない料理を追い求めていた。それは、聞くところによると、昔の京の町の東側、東山にあるというのだ。でも、問題は、その**いづう**がどこにあるか、さらにいえば、いづうが何であるか、誰ひとりとして知らないということだった。

鮨の歴史については、すでに読んで知っていた。もともとは、遠い昔に現在のタイやメコン・デルタの辺りで、地元民が米飯で魚を包んで保存していたのが始まりだという話が有力だ。米飯の発酵で生成されるアルコール分や酸によって、魚が持つ菌が死滅し、魚は数ヵ月間保存が利くようになる。魚そのものも、発酵して粥状になるが、食べても毒ではないし、腐敗臭もない。腐敗したアンチョビで作られた古代ローマのソース「ガルム」から、現代のベトナムの「ニョクマム」を筆頭とする東南アジアのさまざまな魚醤にいたるまで、発酵した魚は強力なうまみのもとを作り出してきた。タイで生まれた米飯で魚を保存する方法はやがて中国に広まり、その後8世紀になって、他の多くのものと一緒に日本にたどり着いたという。

京都に近い琵琶湖周辺の地域では、地元の人々が、米飯の乳酸発酵が生臭い淡水魚に程よい酸味を与えることを発見した。そうやって作られたのが、熟《な》れ鮨《ずし》というもので、現在も琵琶湖沿岸の町では「鮒寿司」という名で喜ばれている。鮒というのは鯉の仲間だ。鮒寿司の場合は、鮒の産卵期を見計らって米飯と一緒に酢漬けにされ、卵を体内に宿したままで半年ほど寝かされた後、米飯が廃棄される。この料理は「日本のフィッシュチーズ」と呼ばれることもあり、僕が思うに、好きな人には堪えられない特別な味なのではないか。

鮨の進化を語るうえで見逃せないのは、文化人類学者の石毛直道が述べているように、「せっかちであることは、しばしば日本人の特徴のひとつと考えられる」という点だ。熟れ鮨を楽しむようになってしばらくたった頃、日本人は乳酸発酵が進むまで待ってはいられないと思うようになり、15世紀には、発酵の浅い段階から魚を食べるようになった。しかも、そうすれば米飯も一緒に食べることができて――それまでは発酵が進みすぎていて食べられなかった――もっとおいしいと気づいたのだ。

鮨の進化における次の大きなステップは、17世紀の米酢の発見だ。米酢を使えば、発酵するまで待たなくても、ツンとくる酸味を米に加えられる。このような鮨は「早鮨《はやずし》」と呼ばれ、箱に敷き詰めた酢飯の上に魚を置き、その上に石で重石をして、できあがった大きな鮨の「ケーキ」をひと切れずつ長方形に切り分けて食べる。

18世紀の終わりから19世紀初頭にかけて、当時江戸と呼ばれていた東京は日本の首都の座を京都から奪い、いつの間にか世界最大の人口を抱える世界一の都市になっていた。だが、江戸では火災が多く、世界初の大都市圏の先行きが危ぶまれたため、料理屋で直火を使用することが禁じられ、急成長しつつあった屋台の食べ物屋が瞬く間に姿を消した。そこで登場した救世主が、直火を使わなくても作れる鮨だ。もちろん、当時の鮨に使われた魚は、生ではなかっただろう——冷蔵設備はない時代だ——でも、鮨職人にとっては、さっと茹でたり、酢で締めたり、炙ったりという下ごしらえをした魚を町のなかへ運んで酢飯に載せるのはたやすいことだった。

19世紀の東京の労働者は、末裔となる現在の東京の人たちと同じで、時間のゆとりがなかった。たとえば、鮨屋の入り口にかけられたカーテン、すなわちのれんが使われるようになったのはその頃からで、客が手で払いのければ急いでいても楽に出入りできるようになっていた。つまり、汚れたのれんは、うまい店の証だった。大急ぎで食べなきゃならない客の要望に応えて、注文を受けたら鮨飯を片手で握って固め、その上に魚をトッピングする方法を考えついたのが、19世紀の華屋與兵衛《はなやよへい》だ。にぎりは、鮨飯を「握る」ことからきている名称だ。生の魚はにぎりの由来とは関係がなく、にぎり鮨といえば発祥の地を示す江戸前鮨を意味することもある。

一方、その頃京都では、別の大きな流れが広がりつつあった。鮨飯に入れる砂糖の量を東京よりも多くするのはもちろんのこと──僕ら欧米人がついやってしまうのと同じだ──京都では、従来の早鮨とは違う、独自のタイプの押し鮨が発展した。それが鯖を使った押し鮨、つまり鯖鮨だ。鯖は非常に傷みやすいので、初めに軽く塩漬けにしてから砂糖を入れた酢で締め、それを丸ごと鮨飯の上に載せて、酢で煮た昆布で巻き、さらに30センチほどの長さの竹の皮で包む。セビチェ（中南米で食される魚介類のマリネ）と同じ要領で、酢に含まれる酸がほんのりと鯖を「調理」してくれるので、海辺から半日ほどの距離がある内陸の町、京都では、それが有効だった。

けれども、にぎりや巻きが世界を席巻する一方で、鯖鮨やその兄弟分にあたる、杉の器で作る大阪の押し鮨は、郷土料理として存続するだけで、冷蔵設備の発達で魚の保存に酢を使う必要がなくなったせいもあり、京都や大阪という地元でさえ次第に人気に陰りが出ている。

その、どっぷりと酢漬けにした鯖の押し鮨、鯖鮨こそ、僕が探し求めていたもので──いうなれば、歴史ある本格派の極上の鮨だった。そして、京都で一番有名な鯖鮨の店は、1781年創業のいづう。それなのに、なぜかさほど有名でない鯖鮨の店は知っているくせに、いづうがどこにあるかはみんな知らないみたいだった。日本に来て1ヵ月以上、何人もの人に尋ねた結果、ようやく僕を救ってくれる人が目の前に現れた。光沢のあるダークスーツを着て、ハロー・キティの紳士用バッグを持った若い男性が、窓もなければ名前も出ていない、木の梁がある小さな建物に連れて行ってくれたのだ。その男性は、白く清潔なのれんをめくって、期待するような笑顔を見せた。

僕は、誘わないと悪いと思って声をかけた。彼もそのつもりだとはこれっぽっちも思わなかったが、彼は喜んで一緒に店に入った。店のなかは、封建時代の京都の雰囲気で、古びた木の家具や障子があって、床はスレート敷きだった。厚化粧をした着物姿の女性が左のブースのなかにいて、テーブル席に着くようにとジェスチャーで合図した。僕らの他には、日本人の老人のカップルがいるだけで、こっちを見て食べる手を止め、うさんくさそうな目つきをするので、僕はお辞儀をしてにっこりしながら席へ向かった。

昼食をともにすることになった男は、ハルキという名だと言った。

「ああ、作家と同じだね!」僕がそう言うと、彼は困ったような顔をした。

「村上だよ! ほら、『ノルウェーの森』、知ってるでしょ?」

「知らないな」彼は少し考えてから、そう答えた。

この話題から離れることにした。「すてきな傘だね」そう言うと、彼は顔を輝かせた。

「ハロー・キティ、知ってる? ぼく、これに、らぶなんだ!」

「らぶ…? あぁ、ラヴなんだね!」

「そう、らぶなんだ!」

僕の国では、ハロー・キティが好きなのは10歳の女の子と一部のゲイのだんせ……

そういうことなのか。

ついにいづうを見つけたという興奮で、どうやらちょっと脇が甘くなっていたらしい。自分にも黒人の家のそばに住んでいる友人がいると言い張るような人種差別主義の連中と一緒にされたくはないけど、僕には実際にゲイの友人が大勢いる。だけど、このとき思わず身体を少しずらして、ハルキから離れようとしたのは認めるしかない。何しろ、ハルキは僕の向かい側ではなく、わざわざ真横に座っていて、カルバン・クラインのアフターシェイブのにおいがはっきりとわかるくらい間近にいたのだから。

彼は僕に、どこから来たのか、日本と日本の食事は好きか、いつまで日本にいるのかなどと、お決まりの質問をした。そして……

「アイ　らいく　ユー！」僕の太ももをつかみ、輝く笑顔でそう言った。

僕はひやりとしながら笑った。「注文しようか？」

しばらくすると、鯖鮨が青い柄の磁器の皿に載って現れた。30センチほどある長い鮨で、横向きに包丁で切ってあり、ぎっしりと詰まったご飯の上に鯖が載って、光沢のある深緑色の昆布で包まれている。

「醤油とかワサビはないの？」僕はそう尋ねた。

「ノー、ノー」ハルキは首を横に振った。「鯖鮨は、ノーしょうゆ、ノーわさび」

鯖鮨はそのままで食べるものだと——僕の肩から糸くずをつまみ取るしぐさをしながら——彼は説明した。なるほど、鮨飯と脂ののった繊細な魚を味わうには、その方がいい。理にかなっている。醤油の味はちょっと強くて、鯖とけんかしてしまうかもしれない。ワサビは、酢になじんでいる口に入れるのはかなりのチャレンジだ。

何の仕事をしているのかとハルキに訊くと、この近くのバーでホストをしていると彼は答えた。そして、客は女性だと、いわくありげに眉をつり上げてつけ加えた。日本の都市部では、職業を持つ女性が金を払ってハルキのような若い男性がいるバーに行き、ちやほやしてもらったり、笑わせてもらったり、日常のことをあれこれ話したりして楽しむということがざらにある。

「セックスはしないよ」彼は急に真顔になってそう言った。「ただ楽しむだけ」

僕は、そのバーの名前を尋ねた。

仕事は好きなのかな？　いろいろな女性と出会うのに、デートは禁止だなんてつまらないんじゃないだろうか。「アイ　らぶ　イット！」そう答える彼の脚が、テーブルの下で僕の脚にそっと触れた。

僕は、鯖鮨に集中し直した。この料理は、ご飯が主役だ——米は最高の品質の短粒米、おそらくコシヒカリで、外側は柔らかく、中心部に少し歯ごたえがあり、半透明で光っている。魚も、絶品だ。落ち着いた虹色とでもいうか、桜色から濃い紫に、そして薄茶色にグラデーションしている。

僕は、年配のウェイトレス兼レジ係の女性が言ったことを誤解していた。彼女がカウンターのなかから、鮨を包んでいる柔らかい昆布を食べないようにとジェスチャーで言ったように、思っていたのだ。でも、僕が皿の脇の方に昆布をよけているのを見つけて、今度は彼女が食べろと勧めているように見えた。ふと、さっきの老人カップルの方を見ると、今までこっちを見ていたくせに、さっと目をそらした。お茶をすすっている彼らの皿からは、昆布が消えていた。僕は、自分が残していたのをかじってみた。革みたいでベトベトしていて、ハエ取り紙を食べているみたいな感じだけど、確かに身体にはよさそうだ。ハルキも昆布は横によけていて、とても小さなひと口のご飯を静かに噛んでいる。僕の方は、ひと切れ分の魚とご飯と昆布を丸ごと頬張ってるというのに。

鯖鮨はあっぱれだというしかない――標準的なにぎりと比べると、少し甘く、酢が強く、魚がうまい具合に主張している。いづうでは30センチほどの大きな棒鮨を1本4400円で販売している。もしも僕がこの近所に住んでいたら、この鯖鮨は土曜日の最高のごちそうになる。ホストクラブに行ってハルキと身体を寄せ合ったりはせずに、家でテレビを見ながら鯖鮨を食べるのだ。

僕が支払いをしようとすると、ハルキが伝票を持っていった。「英語、練習好き」彼はそう言った。それから、近くにすり寄ってきて「あなたが好き」と言った。

「だめ、だめ」僕は言った。「僕に払わせて」

だが、彼はすでに紙幣を何枚か、5000円分ほど広げて出していた。

「いづう」を出てからも、ハルキが夕暮れのなかに僕を放すつもりがないのは明らかだった。店のなかで妻や子どものことも話題にしたし、結婚指輪をわざとらしくいじったりもしたはずだが、僕の男性的な魅力にハルキも参ってしまったらしいと想像するしかなかった――僕が出したヒントで彼が察してくれたようすはまったくない。

「さて、僕はそろそろ行かないと。向こうで約束があるから」僕はそう言って、道路の向こうの方を指さした。

「OK」ハルキはそう言うと、僕と一緒に歩き出そうとした。

「どこへ行くの?」

「あなたと一緒に行く。構わないよ」

「あっ、いや、心配いらないよ。道はわかるから」

「だめ、だめ、一緒に行く」

正直に言うと、実は僕はまだ空腹で、リスンに暴食を止められる前に、自分だけで何とか二度目のランチにありつこうと考えていたのだ。そういうことは日本に来てから、というか、どこにいようと、ちょくちょくある。というわけで、軽いおやつでもいいから何か食べたいと思ったが、それにはまず、食い意地が張っているというみっともないところを隠すためにも、ハルキを何とかしなきゃならない。そもそも、ランチを二度もたいらげる人間がいるなんてことを、日本の人に何と説明すればいいのか？　彼の僕に対する印象を悪くするのも嫌だった。彼はきっとがっかりするだろう。じゃあ、どうすれば逃げ出せる？

僕はふいに立ち止まり、２００メートルほど先に知り合いを見つけたふりをして、手を振りながら叫んだ。「おーい、リスン！」

大声でそう言ってから、今度はハルキにこう言った。「僕の妻だ、今、あそこに見えたから、走っていけば追いつける」ハルキは、きょとんとした顔をしていた。「僕の妻だよ、今、向こうの角を曲がるところが見えたんだ。君はここで待ってて。走っていって呼んでくるから。ぜひ紹介したいんだ。ここで待ってて」僕は、彼の両肩にしっかりと手を置いてそう言った。そして、「すぐに戻るから、待っててくれ」と肩越しに叫びながら、走り出した。角を曲がって、スピードを緩めずにそのまま地下鉄の駅に入り、階段を下りて最初に来た北行きの電車に飛び乗った。

ものすごい罪悪感でいっぱいだったけど、本当にどうしても、ふたつ目のランチを食べたかったのはわかってほしい。京都は誰もが認める豆腐の都で、トシにも、京都の豆腐料理の店を外したら一生後悔するぞと脅かされていた。

17世紀頃まで、豆腐は贅沢な料理で、普段は公家や将軍家の人しか口にしなかった。豆腐が、安価な原料で作る比較的シンプルな食べ物だということを考えると、不思議な気がする。豆腐を作るには、まず大豆を水に浸してから茹でて、豆乳を絞る。その豆乳を固めるために加える凝固剤には、にがりという塩化マグネシウムや、エプソム塩としてよく知られる硫酸マグネシウム、石膏として知られ、カルシウムが特に豊富な硫酸カルシウムなどが使われる。凝固剤を入れたら、布を十字に敷いた型箱に液を流し込む。

豆腐は、大豆タンパク質が豊富なだけでなく(同じ重量で比較すると、肉よりも高タンパクだ)、鉄分、ビタミンB1、ビタミンE、亜鉛、カリウム、マグネシウム、カルシウムなどもたっぷりと含まれている。血圧を下げ、老化を遅らせ、骨を強くする作用があるそうだ。単糖同士が結合してできるオリゴ糖も含まれているので、腸内の善玉菌を増やし、便秘を予防して血圧を下げる効果が期待できる。

水分を絞り出すかどうか、あるいは重しで圧をかけるかどうかによって、できあがった豆腐は木綿か絹ごしかに分かれる。木綿豆腐はどちらかといえば固く、調理しても崩れにくい。絹ごしはきめが細かくまろやかで、名前からは誤解されやすいが、実際は絹で濾して作るわけではない。辻静雄によると、豆腐のイメージがとらえにくい場合は、「仔牛の脳みそが非常によく似ている」らしい。それは、ある意味では――少なくとも食感に関しては――正しい。質のいい仔牛の胸腺も、軟らかいゼリーのような固さで、口に入るととろけるところが似ている――でも、味わいはかなり違う。

酒と同じで、豆腐も京都のものは特にすばらしい。それは、おいしい豆腐を作るには質のいい水が何よりも大切で、京都には天然の軟水が山から絶え間なく流れ込んでいるからだ。有名な南禅寺――京都の東の端の小高い丘を覆う木々の間から、曲線の屋根がある堂々たる姿が見える――のすぐそばに、京都で名の知れた豆腐料理屋のひとつ、**奥丹**がある。350年前から受け継がれてきた店で、わらぶきの木造の座敷があり、静かな庭に囲まれている。表の靴箱に靴を入れると、低いテーブルがある畳の部屋に案内された。ランチタイムの終わりかけでも客がいっぱいいるこの店には、豆腐料理しかない。そこで僕は、この店の名物である湯豆腐と田楽を注文した。湯豆腐は2分ほどで登場した。熱々の鍋にどっぷりと入っているのはキューブ型の豆腐で、甘みがあってクリームキャラメルのような舌触りだ。小さな皿に載っているネギ、生姜と一緒に、醤油をつけて食べる。ふにゃふにゃですぐに崩れる豆腐を鍋の熱い湯のなかでつかむには、究極の箸のテクニックが要求されるが、ばつの悪い思いでそっと部屋を見回してみると、なんだ、日本人でも悪戦苦闘している人が大勢いるじゃないか。

その点、田楽はまだ扱いやすい。この料理は、豆腐にふた叉の串を刺し――田楽という名は、その昔、高足《たかあし》に乗って踊った田楽法師の姿に似ているところからついた――表面を白味噌で覆って焼いたものだ。新鮮で混じりけのない豆腐は、フルーティーでナッツみたいで塩辛い味噌をよく引き立てる。実は、豆腐は、味噌に限らず、主張の強い味のものとてもよく合うし、夏場に冷たくした新鮮な豆腐を食べるなら、おろし生姜とネギや鰹節を加えるだけでもすごくおいしい。

豆腐の黄金律は、バゲットと同じで、作ったその日に食べるということだ。そうでないと、おいしくなくなってしまう。思うに、だから欧米の豆腐は、聖人ぶった完全菜食主義者の神聖な食べ物で味なんてありはしないと、濡れ衣を着せられているのじゃないか。日本でも豆腐の人気が落ちて、ここ数年、各地の小さな豆腐屋がつぶれていっている原因は、同じところにあるのかもしれない。以前は、イギリスの牛乳と同じで、豆腐も毎日各家庭に届けられていたが、ほとんどの都市部では、そうした伝統はすでに廃れている。

とりあえずひもじさも収まって奥丹を出たとき、目も当てられないほど悲惨な事態が待ち受けていた。近くの寺へ行くつもりで店の前の道を左に出たら、ハルキが目の前に立っていたのだ。よりによって。京都は狭い街だとは思うけど、1日のうちに同じ人物と二度も、約束もしていないのに出会うなんて、確率的にはあり得ない。くじを買うときこそ、こういう確率で当てたいのに。ハルキは僕を見てびっくりしていたが、僕の方は内心うろたえた。

「どこへ行ってたの、マイケル?」彼は傷ついているようすだった。

「えっと……えぇっと……君を捜そうとしたんだけど、姿が見えなかったから。どこへ行ってたのさ?」攻撃してしまった。本能的に、最大の防御だと感じたから。

「あなたを待ってたよ。奥さんはどこ？　捜したんだよ。いづうにも行った」

「あぁ、悪かったね、ハルキ。わからなくって……」

「奥丹で食べてたの？」彼は、さらに困惑したような表情になった。

「えっ……あ、この料理屋のこと？　いや、いや、いや。た、食べたかって？　違うよ、ただ……眺めてただけだよ。もうこんな時間か。本当にもう行かなくちゃ。さっきはすまなかったね。ランチをありがとう」

　そう言ったところで、ドアを開けて停まっているタクシーが目に入った。僕は、自分を深く恥じながら頭からタクシーに飛び込んだが、とりあえずお腹だけは満足していた。

15 世界最速のファストフード——大阪 1

次の大阪に関するトリビアのなかで正しいのはどれか？　間違っているのはどれか？

1. 大阪の回転鮨店のベルトコンベヤーは、東京の回転鮨店よりも40パーセント速く回っている。
2. 大阪人が歩く速さは秒速1・6メートルで、東京人の秒速1・54メートルを凌いで世界一だ。
3. 大阪の公共交通機関の券売機の硬貨投入口は日本一大きく、硬貨をすばやく入れることができる。
4. 大阪人の普段のあいさつは、「もうかりまっか？」である。
5. 大阪では、エスカレーターに乗るときに右側に立つのが慣わしだが、大阪以外の地域では左側に立つ。
6. 世界最速のファストフードは、大阪で生まれた。
7. 大阪のＧＤＰはスイスとほぼ同じである。

答：すべて正しい（エスカレーターの話だって正しい。ということは、大阪と京都の間にはどこかで左右が入れ替わるポイントがあるのかもしれない。だとしたら、どうすればそのポイントがわかるのだろう？　公式の境界線があるのか？　それとも、どこかにレーザーワイヤーを張り巡らしたエスカレーター型緩衝地帯があるのか？）

大阪人は、日本一熱く、せっかちで、反骨精神が強く、商売上手な人たちだ。大阪人と比べてしまうと東京人も中途半端だと思えるほどで、大阪の街がたいてい観光のスケジュールから外されてしまうのはそういう地域性が原因ではないか——しかも歴史的な名所はないに等しく、美術館もほとんどなく、あるのは特徴のない無数の高層ビルに、果てしなく続くアーケード、店が建て込んだ横丁ばかりだ。それでも僕は、日本の都市のなかでは大阪を一番楽しみにしていて、3週間の京都滞在が終わり、電車で大阪へ移動する間も、わくわくする気持ちを抑え切れなかった。

リスンと子どもたちも、そろそろ時計を現代に戻したがっていた。天皇の御所と御苑を訪ね、アスガーとエミルは走り回って有り余るエネルギーを発散し、僕らはみんな京都独特の「よそとは違う」雰囲気をとても気に入ったけれど、子どもにとっては京都は東京よりもさらに窮屈なところだった。常に「シーーィッ」と言われているような気分になる街なのだ。

それに、僕は僕で、京都にいた3週間はひとりで行動することがあまりに多く、リスンと子どもたちを置いてきぼりにしてしまったと罪の意識を感じていた。自分たちなりに人生を楽しんだり満足したりできる家族の才能を勝手に当てにしていたわけじゃなく、むしろもっと家族と一緒にすごしたいのはやまやまだった——妻や子どもたちの目を通して日本を見ることが、旅の何よりのおもしろみでもあるからだ。誰か良識のある大人がときどき子どもたちの面倒を見てくれたら、リスンも、食べ物調査に取りつかれた夫が気ままに出歩いている間に、自分で好きなところへ出かけられたかもしれないとも思う。

だけど、言うまでもなく、男はそれでもなお、さもしさや弱さを抑え切れない生き物で、しかも僕は、あらゆる食べ物がごちゃ混ぜになった大阪へ行くと思うと、もうよだれがこぼれそうなほどだった。

大阪は食の首都であるという評判が高まっている——先に書いたように、レストラン批評家として名高いフランス人、フランソワ・シモンは、世界のなかでも大阪は特に好きな食の街だと言っていたし、インタビューを受けたヨーロッパやアメリカのトップシェフたちが、インスピレーションを求めて訪ねる街として大阪の名前を挙げているのを見たこともある。

大阪には、大阪ならではの料理があり、世界最大の調理師学校があり、新しいオートキュイジーヌに柔軟に積極的にアプローチする心意気がある。大阪人の新しいものをどん欲に求める気質は、しきたりに対する反感や、何世紀にもわたる海外との貿易によって育った国際人的な考え方と相まって、料理のメッカとなる最高の条件を整えてきたように見える。僕は、もう待ちきれない思いだった。

ところが同時に、お行儀のいい観光客ペースの京都でしばらくすごした後で大阪に着いてみると、ショックはあまりにも大きかった。大阪駅から、かつてないほど贅沢な（僕らにとっては）堂島ホテルへ向かうタクシーの窓越しに、巨大ショッピングセンターや高層ビルが数限りなく見えたからだ。

チェックインするとすぐに、リスンは手をこすり合わせながら「さあ、ショッピングよ！」と宣言して、出かけていった。つまり、僕とアスガーとエミルは、1日自由に市内を探検できる。まず最初にどこへ向かうかは、ちゃんとわかっていた――日本のファストフードの首都のなかのファストフードの中心地、道頓堀だ。そこで子どもたちに、ピザやワッパーよりも大切なものが人生にはあると教えてやりたい。

道頓堀は、何でもありのラスベガス風の食べ物街で、日本のなかで何かを食べながら歩くことが許されるのも、たぶんここだけだろう。大阪名物のふたつのファストフード、たこ焼き――京都で初めてお目にかかったタコ入りの団子――とお好み焼きの心のふるさととして、日本中に知れわたっている。

お好み焼きがどんなものかについては、「ジャパニーズピザ」だとか「オーサカオムレット」だとか、さまざまな表現を聞かされたが、いずれにしても当たっているのは円形の食べ物ということだけだった。実際のお好み焼きは、パンケーキとトルティーヤのハイブリッドといった方が近い。小麦粉と卵で作る生地にキャベツが混じっていて、さらにさまざまな具材をなかに入れたりトッピングしたりする。「お好みで焼く」とか「好きなように作る」という意味の名前の通り、正確なレシピを求めるのは、フランス人にキャセロールの正しい作り方を尋ねるようなものだ（まあ、フランス人の場合、キャセロールの作り方に限らず、何を訊いてもそうだろうけど）。

小麦粉で作るという人もあれば、新鮮な山芋をすりつぶして使うという人もいて——小麦粉だけで作ったお好み焼きは、しっとり感が少なくてちょっとゴムみたいな食感だ——生地をこねるのに水ではなくだし汁を使うという人もいる。トッピングによく使われるのは、豚肉とキムチ——韓国の辛いキャベツの漬物——だが（この点でもポリシーはさまざまだ。具材は生地のなかに混ぜ込むという人もいるし、僕がセンセーショナルなカキのお好み焼きを食べた広島では、生地の上に具材を次々と重ねていく）、シーフードやチキンも一般的で、焼きそばや天かす——天ぷらの衣をカリカリに揚げたもの——を加える人もいる。

お好み焼きを作る手法も、いろいろとある。たいていは、生地と具が入ったボウルを受け取って自分で混ぜ、その生地をテーブルにしつらえた熱い鉄板の上に流して広げ、片面が焼けたら金属のへらでひっくり返して1センチほどの厚さの円盤状に整え、へらでピザのようにカットして食べる。ところが、店によっては、客に出す前にお好み焼きを押さえつけて蒸すところもあり、東京には、もっと水っぽくて固まらない生地を使う（はっきりいって少しイラつく）もんじゃ焼きもある。

焼き上がったお好み焼きに髭剃りに使うようなブラシで塗る、甘くて茶色い、香りのいい鉄板焼き風のソース（ケチャップ、醤油、ウスターソース、おそらくだし汁、マスタード、砂糖、みりん、酒などをミックスしたおなじみのもの）も欠かせない食材だ。言うまでもなく、ソースのレシピは店の秘密だから突き止めるのは不可能で、家庭で作る場合はでき合いのソースを買ってきて使う。そうだ、マヨネーズをかけたり、青のり（乾燥させた海藻の粉）や鰹節をちらす人もいる。

アスガーとエミルにたこ焼きのおもしろさをわからせるには、もう手遅れだとわかっていた——ふたりともすでに、たこ焼きにはタコの身体がぶつ切りにされて入っていると気づいていたから——でも、お好み焼きならまだチャンスがある気がする。野菜とシーフードが材料だっていうことを隠し通せればの話だが。それにしても、まずはどの店に入ればいいのか？　大阪には4000軒以上もお好み焼き屋があると言われていて、そのうちのかなりの数がこの道頓堀にあるらしい。最初に覗いたのは、ウィンドウに10種類以上もプラスティック製の見本がある店で、お好み焼きに関してまだ駆け出しの僕らがそのなかからどれかを選ぶのは難しいと、3人の意見はすぐに一致した。

僕らはさらに先へ歩きながら、手に手をつなぎ、あんぐりと口を開けて漫画チックで無節操な道頓堀の食べ物屋の店先——本物そっくりに動く道化師や巨大なカニ、提灯、液晶画面、膨らんだフグなんか——を眺めた。ところが、目移りするようなものがこれほど集まっている場所なのに、アスガーとエミルはある店にぴたりと狙いを定めて爆弾攻撃のように突進した。

ふたりが引き寄せられていったのは、BOW WOW～リラクゼーション・オブ・ドッグスギャラリーという店〈現在閉店〉で、制服を着たスタッフが店の前につないだ2匹の小さな犬を世話していた。「わぁ、見て、パパ！　僕の手をなめてるよ！」エミルが言った。「そうだね、だけど今はお好み焼きの店を探してるんだよ、わかってる？」僕はそう答えた。アスガーの方は、ガラスのウィンドウに顔を押しつけて、なかにいる大勢の小さな犬がけだるそうにだらっとしているのを見ていた。そこにいる犬は、電話番号並みの桁数の値がついている売り物だったが、この店はペットショップではない。店のスタッフたちが、僕らを手招きした。僕は丁寧に断ろうとしたが、子どもたちの手をつかむ間もなく、すでにふたりは店の入口の階段を途中まで上っていた。結局、ふたりの後について、その犬のショールーム兼カフェのような店内に入った。コーヒーを飲みながら小型犬と触れ合って楽しむ、いわば犬のハーレムのようなところだ。アスガーとエミルのどちらかが、あるいは両方が、すさまじい癇癪を起こすリスクを避けながらなおかつこの店を出ようと説得するなんて、できるわけがなかった。だから、入場料を払って靴を脱ぎ、小さなゲートをくぐって、犬がはしゃぎ回るゾーンへ足を踏み入れた。

入場料には、ドリンクと犬のお菓子の代金が含まれていた。犬は20匹ほどいたが、ハンドバッグのサイズより大きいのはいなくて、みんな自由にテーブルの間を歩き回っていた。どの犬も訓練が行き届いているらしく、僕らの周りにもすぐに群がってきた。1匹が湿った鼻先を僕の股に押しつけ、もう1匹が尻をくんくんとやり始めて、ウェイターのひとりがようやくメニューで追い払って助けてくれた。

ふと気がつくと、アスガーとエミルは、犬の群れに交じって四つ這いで一緒にテーブルの間を歩き回り、犬と同じようにお菓子をねだっていた。店の人たちも、さすがにこんな光景は初めて見たんじゃないだろうか。これほど早く犬の社会に同化してしまうとは驚きだ。もともと、そういう資質がありそうだとは思っていたけど。僕は、子どもたちが野性化したときによくやるように、あいつらと自分は何の関係もないというふりをして、コーラを飲みながらゆったりと腰かけて、周りの状況をじっくりと観察した。

客層は、娘を連れた母親から、おひとりさまの中年女性までさまざまだが、ビジネスマンがいるのは謎だった。ペットを飼えない高層マンションの住人にとっては、このBOW WOWが心を満たしてくれる場なのではないかと僕は想像した。あるいは、日本の標準的な時間帯で働いていると、ペキニーズにお相手をしてもらって慰めてもらうしかないのかもしれない。それにしても、ちょっと痛ましい。ここでは、寂しい人たちが貪欲な動物との触れ合いを求めている。においも相当なものだ。おむつをさせられている犬もいる。ある犬はお菓子をせびりもせず、爪磨きに余念がなく、そうかと思えば、自分の生殖器をしばらく熱心になめた後で不機嫌そうな若い女性の膝に飛び乗って、彼女の顔をぺちゃぺちゃとなめ回す犬もいた。

僕は離れたところにお菓子をばらまいて、やっとのことでアスガーとエミルを犬の群れから引き離し、ふたりをまとめて店から連れ出そうとした。ところが、ふたりの新しい遊び仲間たちはお菓子に見向きもせず、たちまち僕らは、またしても毛むくじゃらの塊に足元を取り囲まれてしまった。アスガーとエミルは永遠にここで暮らしたとしても幸せかもしれないが、僕のお腹はゴロゴロと鳴り、世界一すばらしいファストフードの店がすぐそばにあるとわかっているだけに、この犬との混乱を抜け出したいという気持ちがいっそう募った。そこで、アスガーの手首を捕まえ、エミルの身体を片腕ですくい上げると、ふたりは盛んに吠え、キャンキャンと叫んだ。そのうえ、新しいリーダーたちが攻撃されていると感づいた犬たちが、僕の足首にしっかりとくらいついてきた。ウェイターが3人がかりで犬を引き離し、僕はゲートを強行突破して靴が置いてある場所へ向かった。

（言うまでもないけれど、その後も大阪にいる間中、子どもたちからまたBOW WOWへ行きたいというプレッシャーを受け続け、結局二度再訪した。アスガーとエミルは帰国してからも、日本の旅の断トツのハイライトは、相撲取りとのランチでもなければ、姫路城で会った忍者でもなく、沖縄のビーチで見た本物のカメの死骸でもなく、あのBOW WOWだと話している）

確かに、金儲けのアイディアとして見た場合、ドッグカフェは苦情ホットラインを設けている電話会社と肩を並べるくらいうまい商売だ。金を払って犬と遊ぶと、自動的に、犬を飼ってほしいと子どもから精神的に圧力を受けることになるし、少なくとも犬の食事代を払わさせられる。僕は、すばらしい日本のビジネスのリストにドッグカフェを加える、と頭のなかにメモした。帰国したら僕を金持ちにしてくれるはずのリストだ。そこには、そっとふたが閉まる便座も入っている。

それから30分ほどぶらつくうちに、うっかりとラブホテルのエリアに足を踏み入れてしまった。恥ずかしそうなようすのカップルたちが、「ハイパーセクシー・クラブ」とか「ハッピー・ラブメイク・ジョイホテル」なんていう看板の下でもじもじしている。僕らは道頓堀の中心、サミー戎プラザ〈現在閉店〉の前まで引き返した。サミー戎プラザは興味深い複合施設で、大正末期から昭和初期の大阪の街並みを再現したフードテーマパークもあり、当時の外観をそっくり真似した食べ物屋や商店が並んでいる。このところ、日本では各地にフードテーマパークができていて、その多くが大きな建物のなかに特定のテーマ――ほとんどが古めかしい店構えと年代物の広告が売りで、なぜか終戦直後の時代をテーマにしている――に沿った食堂街を作っている。

最初に入った店で、僕はお好み焼きひとつとモダン焼き――焼きそばをミックスしたお好み焼き――をひとつ注文した。どちらも甘い茶色のソースがたっぷりと塗ってあって、6歳と4歳の子どもならきっと気に入るに違いないと思ったのに、アスガーもエミルも、ちょっとつついただけで、すぐに、「中身がいろいろと入りすぎ」という理由で拒否した。

諦めるしかなかった。全国展開するモスバーガーで、店名と同じモスバーガーを食べた。有機野菜を使っているし、実際、けっこういける味だった。

その後、大阪にいる間に、僕は――このときはひとりで――同じく道頓堀にある、まったく違うスタイルのお好み焼き屋、**ぷれじでんと千房**へ行った。1967年にオープンした、高級志向のお好み焼きを食べさせる店だ――店内の照明を落とし、カウンターは大理石で、料理人はフランス料理のシェフのようないでたちをしていた。僕がそこで食べたお好み焼きは（そう、ひとつじゃないけど、5つよりは少ない）最高級だったけど、どうもしっくりこなかった。お好み焼きというのは、自分で焼いて食べるのが一番じゃないのか。静かな音楽がかかり、行き届いたウェイターがいるところでシェフが焼いてくれるなんて、格調高いホットドッグを食べるようなものだ。

おかしなことに、辻静雄は日本料理において、大阪、あるいは関西を重視している割には、『*Japanese Cooking : A Simple Art*』のなかで、たこ焼きにもお好み焼きにもまったく触れていない。屋台の食べ物は、まともに取り上げるほどのものじゃないと思っていたのかもしれない。わからないけど。でも僕は、世界に広まる次の日本の料理のトレンドはお好み焼きじゃないかと、今も思っている。すぐにできて、安くて、シンプルで、結構ヘルシーで（何といっても50パーセントはキャベツなんだから）、見た目に楽しく、文句のつけようがないほどおいしい。僕が若くて怖いもの知らずで、ベンチャー企業が投資でもしてくれたら、クリスマスまでにはチェーン店を展開してみせるのに。

実は、すでに世界中に広まっている大阪発のファストフードは、ふたつある。それは、回転ずしとインスタントラーメンで、どちらも1958年に開発された。

料理店を経営していた白石義明が回転ずしのアイディアを思いついたのは、ビール製造のベルトコンベヤーを見学したときだったが、回転ずしの完成を見るまでには、その後少し時間が必要だった。最も厄介だったのが、コンベヤーのスピードだ。速すぎると、客はみんな心配になるし（僕はそれを「ウニ不安症」と呼んでいて、コンベヤーのそばの席に座ったときは、その症状がひどくなる――僕のところへ来る前に誰かがあのウニを取ってしまったらどうしようって）、遅すぎればみんな飽きてしまうからだ。最終的に彼は、秒速8センチが最適の速度だと判断した。彼の「元禄寿司」チェーンは、客の「滞留時間」を12分程度に短縮して大成功を収めた。つまり、従来の鮨屋ならばひと晩に3回転程度の客の入りだが、回転ずしでは1時間に4回転もする計算になる。「元禄寿司」の1号店は、今も大阪の東部で営業しているが、白石氏はその後、従業員のいない料理店というコンセプトにあまりにも熱心になり、ロボットのウェイターの開発に全財産をつぎ込んで、窮乏のなかで亡くなった。

一方、インスタントラーメンの開発者は、2007年に亡くなった日清食品の創業者、安藤百福だ。食材を油で揚げることで水分がはじき出され、無数の小さな穴があく。お湯を注ぐとその穴から水分が吸収されるというひらめきから、お湯を注ぐだけで食べることができるラーメンを完成させた。現在、世界では年間982億食のインスタントラーメンが消費されている。驚くべき数だ。

その日の午後、リスンとも合流して、僕らは大阪の北部にある**インスタントラーメン発明記念館**を訪ねた。瀟洒でモダンな建物で、インスタントラーメンの記念館というよりも現代美術館といった趣だ。そのなかで僕らは、庭に建てた小屋でインスタントラーメンを試作していたという安藤氏の発明について知り、大きな壁一面に年代順に展示されたインスタントラーメンの容器を見て度肝を抜かれた。しかも、展示を楽しむだけではなく、自分の好みの味のカップヌードルを作ることができるコーナーや、自動販売機でラーメンを購入して食べることができるコーナーもあった。でもそのとき、僕らはみんな、あまり食欲がなかった。

その後、大阪で唯一旅行者が喜ぶ場所、海遊館へ行った。世界一大きい水族館で、メインの水槽の高さは数階上まで届く。ここのスターは世界一大きな魚、ジンベイザメで、ガラス越しに見るとものすごい迫力だ。巨大魚、ドッグカフェ、ボリューム満点のパンケーキ――1日の観光でこんなに味わえたら申し分ない。

N
O
W
O
N
S
A
L
E

16

奇跡の味噌とはしご酒——大阪2

アメリカのフードライター、ハロルド・マギーは、料理の科学、歴史、文化について著した大作、『マギー　キッチンサイエンス　食材から食卓まで』〔香西みどり監訳、共立出版、2008年〕で、次のように述べている。

……味噌汁は、おいしいだけでなく見た目も美しい。できあがった味噌汁を椀に注ぐと、味噌の粒が分散して汁が均一にかすんで見える。けれども、そのまま数分間置いておくと、味噌の粒は椀の真ん中に集まって雲のようになり、少しずつ変わる。椀のなかでは対流が起きている。熱い液体が椀の底から上昇し、表面の蒸発によって冷めて濃縮され沈んでいき、椀の底で再び温まり、軽くなってまた上昇する。味噌汁は、夏の空に入道雲ができるのと同じプロセスを、食卓の上で再現している。

すばらしいでしょ？

辻静雄もこう書いている。「さまざまな意味で、日本料理における味噌は、フランス料理におけるバター、あるいはイタリア料理におけるオリーブオイルのようなものです」だけど、味噌について僕がすでに知っていることから思うに、その表現は正確ではない。たとえば、味噌は揚げ物には使わないし、ソースの照りを出す目的では使わない。でも、彼が言わんとする遍在性は確かにある。日本人の半数以上は、今も朝食の味噌汁の香りで目を覚ます――でき立てのトーストとコーヒーみたいなものだ。

実は僕は、味噌というペーストについて不信感も持っていた。もちろん味噌汁を味わったことはあるし、味噌を使ったフュージョン料理も食べたし、京都の豆腐料理屋では味噌を載せて焼いた田楽も食べた。どれも、ピーナッツのように濃厚で、複雑な酸味があり、とてもおいしい。でも一方で、下水管のようなすえたにおいもかすかに感じて――うまい食べ物というのはたいていそうだけど（トリュフ、充分につるした動物の肉、ロックフォールチーズ、ギンスターのミートパイ、みんなそうだ）――興味を引かれると同時に嫌悪感を抱くのだ。

そういう思いと想像以上にひどい現実が裏づけられたのは、スペースシップみたいな形をした大阪ドームのすぐそばにある、トニー・フレンリーの味噌蔵、**大阪味噌醸造**に行ったときだ。詰まったトイレのような、この強烈なにおいは何なんだ？

「ああ、あれは下水管ですよ。申し訳ない」長身で陽気な50代前半のイギリス人、トニーはため息混じりにそう言い、プレハブのオフィスで歓待してくれた。

「ふぅ、それならほっとしました。味噌のにおいかと思って」僕は笑って言った。

「ええ、そうですよ、あれは味噌です」トニーが言う。「廃水をいったん貯めて廃棄物を沈殿させてからでないと、下水に流せないんですよ。役所は、何もわかってないからね。バクテリアを使っているから、直接下水に流すなっていうんです。いいバクテリアだからと説明しても、耳を貸そうとはしません」

トニーの説明によると、味噌には3つのタイプがある——大豆と塩と米を原料とするもの、大豆と塩と大麦を原料とするもの、大豆と塩だけを原料とするものだ。原料によって、できあがる味噌の色は異なり、濃い赤茶色から薄いベージュまでさまざまだ。薄い色の味噌は総じて甘みがあり、濃い色の味噌は濃厚で強い風味がある。「赤みが増すほどアミノ酸が多く含まれているので、身体にはいいんです。1日1杯の味噌汁で、がんを予防できるともいわれています。日本では、味噌汁を「飲む」とはいわずに、「食べる」といいます——野菜や豆腐、魚などがたっぷり入っているからですよ」

日本には2000軒以上の味噌蔵があり、地域によって味も違うので味噌の種類は膨大な数に上る。全体の80パーセントほどが大豆と米でできた米味噌で、九州では大豆と大麦で作る麦味噌が多く、名古屋では大豆だけで作る豆味噌が主流らしい。東京の味噌は昔から赤茶けた濃い色で、甘くて力強いが、宮城県の仙台へ行くと塩辛い味噌が多い。京都の味噌は、想像通り洗練されていて繊細で、薄いクリーム色をしている。トニーは、大阪独特の甘みがある白みそを作っている。原料、蒸すか茹でるか、熟成期間（2、3年かける場合もある）などの違いが、味噌の色や風味の違いとなるのだとトニーは話した。

もちろん品質の高い味噌を作るには経験と、発酵した米や大豆への共感が必要だ――加える塩の量、大豆と米、あるいは大豆と大麦の割合、最適の熟成期間などを熟知していないといけない。麹が米を餌にし始めると温度が上昇するが、麹の酵素がでんぷんを糖化し、大豆を分解してアミノ酸を生成するには、40度以下に抑えるようにしなくてはならない。糖分は白味噌にとって大切で、アミノ酸は赤味噌に旨みをもたらす。

トニーの案内で蔵を見学した。さまざまなパイプやバルブ、タンク、ダイヤルがあちこちにある倉庫のようなところだ。全体に原始的な感じだが、味噌作りには、基本的には大きな樽とグラインダー、米の蒸し器、豆の調理器、麹室があればいい。酒や醤油と同じく、味噌の魔法の材料は、良質なタイプの真菌である麹で、そのなかでも味噌作りに適した麹が用いられる。麹は、蒸した米、大麦、大豆に加えられて増殖し、発酵を開始させる役割を果たす。麹と塩を混ぜたところに蒸した大豆を加え、空気に触れないようにしてから重しを載せて、白味噌の場合は2、3週間、赤味噌なら1、2年寝かせる。「プロセスを短くすることもできます」トニーはそう言った。「でも、あまりおいしくありません。うちでは本式のやり方をしています。天然醸造です」発酵がある程度進んだら、豆をつぶしてペースト状にし（地方によっては豆の姿を残すところや、細かく刻むところもある）、蒸してそれ以上発酵しないようにする。だから、買った味噌は、冷蔵庫で6ヵ月程度しかもたない。

手順はシンプルだが、完成した製品は――純然たる茶色でピーナッツバターの色とは違う――とても複雑なものだ。アミノ酸以外に乳酸も含まれていて、そのおかげでグルタミン酸のバランスが取れ、保存がきく。健康上の利点としては、タンパク質やミネラルが豊富なのはもちろんのこと、コレステロールを低下させる物質も含まれていて、醸造の過程でもともと大豆が有する抗酸化能力も高まるようだ。また、長年指摘されているのが、味噌の消費量が多いとがんの抑制率が高いという関係だ――大豆特有の抗酸化物質、イソフラボンの効果だと考えられている。チェルノブイリ原発事故の一報を受けた日本が、現地に味噌を送ったという話もある。27万人を対象に調査した結果、味噌汁が胃がんの発生率を低下させることもわかっている――味噌がさまざまな毒を除去するからだと考えられ、科学者のなかには、味噌は細胞脂質の酸化を抑えて老化を遅らせると言う人もいる。調味料として使う場合、味噌は、塩や醤油よりもナトリウムの含有率が低い。

でも、皮肉なことに、世界の国々がこのすばらしいペーストの奇跡のパワーに気づき始め、近年みの輸出量が倍増しているというのに、日本では逆の現象が起きている。欧米スタイルの食事になじみ、すべてを一から料理する時間がなくなってきた日本では、味噌の魅力に陰りが差している。80年代には年間58万トンあった消費量が、今では50万トン以下になってしまった。

僕はトニーに、大豆を発酵させたもうひとつの食品、納豆について尋ねた。納豆は、日本の伝統的な、身体にいい朝食のおかずだ。大豆を適度に発酵させたもので、すごくまずそうで、糸を引いていて、表面がデコボコしていて、胸が悪くなるほどで、その味ときたら、土と古いチーズを混ぜたような感じだ。後にも先にも一度だけ口にしたのは、札幌のホテルのビュッフェ形式の朝食だった。僕が何よりもぞっとしたのは、皿によそおうとしたときに現れた、ひとつひとつの豆にまとわりつく強い粘り気のある糸だ。恐ろしい臭いを発するドリアンやトリュフと並んで、納豆は地球上でも有数の好き嫌いがはっきり分かれる食品だ。「納豆を作るには、また別の菌を使うんですよ」トニーが言った。「うちでは納豆は作りません。実は、味噌と納豆を同じ建物のなかで作ってはいけないことになっています。納豆菌は強いので、味噌の麹に影響を与えてしまうからです」

味噌を使った料理のヒントは何かあるだろうか？「いくらでもありますよ。みりんとマスタードを混ぜれば、ディップになります。田楽なら、赤味噌と白味噌を混ぜて豆腐に塗り、焼きます。私は、チリコンカーンを作るとき、チョコレートの代わりに味噌を入れます。調味料としても優れているので、シチューを作るときなど、塩の代わりに使います。本物の、天然のグルタミン酸ナトリウムのパワーが豊富ですから――白味噌の塩分は5～6パーセント、赤味噌は10～12パーセントです。赤味噌のアップルケーキはおいしいし、白味噌で作るグラタンもかなりいけます。ロンドンのレストランで、ポークに味噌を添えて出すところもあると聞きました。最高の組み合わせですよ。うちでは、味噌のアイスクリームも作ったことがあります」帰国後に試してみたところ、トマトソースに小さじ1杯くらいの味噌を加えると、すごくおいしくなることがわかった。スープの素代わりに味噌を使うと料理の風味が増すし、味噌と酢、水、砂糖、ガーリック、ゴマを混ぜれば、立派なドレッシングができあがる。

トニーにこれまでの経緯を訊いた。英語教師として来日して以来、もう20年間日本で暮らしているらしい。日本語も流暢で、日本の女性と結婚している――その彼女の家族が、100年前に大阪で味噌醸造を立ち上げた創業者だ。味噌の製造業は伝統があり、最初、彼女の一族は、そもそも外国人と結婚することに反対した。どうやって口説き落としたのだろうか？「私が彼女を連れて逃げたりしないとわかってもらえた辺りから、徐々に打ち解けるようになりました。それに、彼女のお父さんは、私と同じ酒飲みで、ウマが合ったんです。日本では、息子が家業を継ぐ場合、まず別の会社に修業に出されますが、私もそうでした。10年後、先代がだんだん弱ってきて、私が得意先周りをするようになりました。3年前に先代が亡くなり、私がすべてを引き継いだのです」

トニーはさらに続けた。「実は、私は昔から発酵に興味があったんです。12歳のときにジンジャーエールを作って、砂糖をたくさん入れるとアルコール度が高くなることを知りましたよ！（トニーは大阪で毎年開催するビアフェスティバルの運営も手伝っている）クウェートで2年ほど英語を教えていたときは、自宅の地下でワインを作りましたし、ヨーグルトも作ったことがあるし、今はパン作りに凝っています」

顧客の反応はどうだったのだろう？「反感を持っていても、おそらく儀礼上何も言わないだけで、今でも何かしら問題は起きます。非常に厳しい専門職ならではのことですよ。神戸の地震（1995年に発生した阪神淡路大震災）のときもたいへんでした。ここは湾を挟んだ反対側なのに、大きな被害がありましたから。もとの蔵は今駐車場になっているところにあったんですが、壊滅状態でした。そのとき私は13階にある自宅にいましたが、食器が全部粉々になりました」今、蔵が建っている土地も、あまり頑丈ではないみたいだ。「あそこの大阪ドームでコンサートがあるたびに、震度3ぐらいの揺れが起こりますよ！」

トニーが、何種類かの味噌を皿に載せて、試食用に持ってきてくれた。白いのは酵母のような風味で甘く、1年醸造の赤味噌は少し塩辛くてマーマイト（ビールの醸造過程で沈殿堆積した酵母を原料とする食品。主にトーストに塗って食されるが、強烈なにおいがする）みたいな味がほんのりとした。「そう！　それですよ。私は、パン用の味噌スプレッドを作ろうかと思ってるんです。うまくいくと思いませんか？」

賛成だ。マーマイトを食べる人たちなら、絶対に味噌もいけるはずだ。次に、２年物の赤味噌を試食した。ピリピリと焼けるような味だ。「そう、直に食べるとね。だし汁に入れると、とてもおいしくなりますよ。口のなかをきれいにする働きもあるし。もちろん、味噌汁はそのための食べ物でもあります。味噌汁は、食事の最後に食べるのがいいんです。他の料理と一緒に出される場合もありますが、最後まで残しておくといいんですよ。懐石料理では、最後に味噌汁だけが出てくることもあります」次に食べた白い麦味噌は、甘くてパイナップルのような風味が感じられた。「大阪でとても人気のある味噌です。大阪の人は甘いものが好きだから」

その後、トニーと僕は、大阪の街や日本での生活についておしゃべりをした。彼は親切に、魚市場の知り合いを紹介すると言ってくれた——日本で二番目に大きな魚市場（**大阪市中央卸売市場**）だ——ということは、夜明け前のマグロの競りを見せてもらえるのだろうか。トニーが言った。

「さあ、今すぐ行こう。案内しますよ」

市場があるところは街の反対側なので、トニーがトヨタを運転して連れていってくれた。ひと通り紹介がすむと、彼の行きつけの市場の食堂でお昼を食べようということになった。１階にある薄暗い店だが、作業員や業者でいっぱいだった。みんなトニーに、昔からの友人のようにあいさつしていた。僕らが座った隅の席の前には、スチール製の四角い大きな桶があり、よどんだ茶色の液体のなかに何か得体のしれない食べ物が浮かんでいた。

「おでんにトライしたことがないって、どういうこと?」僕のしかめっ面を的確に読み取ったトニーがそう言った。「おいしいよ。ぜひ食べてみて」おでんというのは、日本風のシチューのようなもので、いろいろな具が入った身体が温まる料理だ。なかに入っているのは、四角く切った豆腐、肉類、ゴボウ、大根、ジャガイモ、フィッシュケーキ(練り物)、昆布、ゆで卵などだ。興味深いこんにゃく——粉末状のコンニャクイモの根から作る、味がなくて弾力のある肉っぽいもの——にもお目にかかれる。料理人が手を触れたものは次々とつゆのなかへ入り、最高のおでんは永遠に続くといわれる——桶は絶えず火にかけられていて、日々のつゆに新しいつゆを継ぎ足していくからだ。

料理人がいくつか見つくろってよそってくれた——揚げた豆腐、柔らかなポーク、大根、そして固ゆで卵。おいしい。もっとも、そう感じたのは、この料理にあまり期待していなかったせいかもしれない。

大阪人の気質は親切で寛容だが、よそから来た婿でもそれは同じらしい(トニーはおでんの代金を払うと言ってきかなかった)。大阪人の温かさは、翌日の晩、知人の知人である地元の食通たちに会ってみて、一層はっきりとわかった。彼らが、自分たちのグルメ手帳のなかから選んだおいしい店へ連れていってくれることになっていた。

待ち合わせは、国立文楽劇場の前だ。おそらく40代前半くらいのヒロシはカンゴールの帽子をかぶり、サーファーシャツを着ていた。もうひとりは、ヒロシと同年代の小柄でかわいらしい女性、チアキだ。自己紹介のときはふたりとも日本風に遠慮がちだったが、食べ物の話になったとたん、気後れしたようすはどこかへ消し飛んだ。「大阪人は、ひと晩のうちにいろんなところで食べるのが好きなんです」ヒロシが、いたずらっぽい笑いをちらっと浮かべていった。それは冗談でも何でもなかった。僕らはその夜、半ダースほどの店を回ることになったからだ。しかも、タパスの食べ歩きとはわけが違う。

まずは、衝撃的なお好み焼きだ。その店、**千草**は汚れて古びていたが、僕らの目の前にある黒い油がこびりついた鉄板で焼き上げてくれた。ヒロシによれば、大阪で一番のお好み焼きということだったが、それは間違いなさそうだった。「大阪では、直接コテで食べるんよ」と、チアキが自分のコテで切り分けながら言った。「ほら、うちらって、せっかちやから」店の人は、その日の晩にワールドカップの日本対イングランド戦があるせいか、しきりにラグビーの話題を振ろうとしていたが、僕はそれよりも、彼がお好み焼きに塗っているソースに興味があった。「シークレット・レシピ」彼はそうささやいて笑った。

はっきりいって、これは健康的な食べ方じゃないけれど、日本人は、欧米人と同様にというか、むしろ欧米人を凌ぐほど、食事の楽しみ方を知っている。

次に寄ったのは**だるま**という、今や日本中で名を知られる串カツ屋だ。お好み焼きと同じく、この串カツ——肉、魚、野菜などにパン粉をまぶし、串に刺して揚げた料理——にしても、いまだに世界で旋風を巻き起こしていないのはなぜなのか、理解に苦しむ。これも大阪のすばらしいファストフードで、天ぷらや焼き鳥——串カツと形態が似ている——と同様、日本を代表する料理として世界中に広める価値がある。串カツの衣は独特で、これまた特別な、濃厚で甘みのある黒光りしたソースを、ひと口大の肉、魚、野菜の串にたっぷりつけて食べる。

串カツの秘密はとにかく衣にあって、だるまの場合、ピューレ状にした山芋、小麦粉、卵、水に、11種類のスパイスを特別にブレンドして作る。薄くカリッとした衣に揚がるのが特徴だ

——僕らは、ビーフ、エビ、ウズラ卵、チェリートマト、アスパラガス、チキン、ホタテを食べた。串を揚げるのは190度のビーフオイルだ。ソースは共用の容器に入れてカウンターに置いてあり、「No double dipping〔二度づけ禁止〕」と英語で書いてある。

ところで、だるまは大阪を象徴する通天閣のすぐそばにあるが——こういう塔も、水族館や観覧車と同じく大都市のシンボル的存在だ——その目立つお隣さんよりもはるかに歴史が古い（創業80年）。僕らはカウンター席に着いたが、小さなオープンキッチンで働くスタッフが身体をかがめたり忙しく動き回ったりするたびに、足元に水が飛んできた。粗末な店かもしれないが、串カツというものを知るのにこれ以上の場所はない。しかも、ウズラ卵とトマトはずば抜けているし、薄くパリッとしていてサンドペーパーをかけたみたいに均一な衣は、口のなかでカリッと割れてとろりとうまい中身と混じり合う。値段は1本50ペンス以下なので、食べすぎると入院する羽目になるというリスクを頭に入れておかないと、どこまでも手が出てしまう。

「この後、まだどこかに行く予定なのかな。もしそうなら、この辺でストップしておくよ」僕はある程度のところで、ヒロシにそう言った。でも、次へ行く予定があっても、結局やめられなかった。串とビールがいつまでも続いた。店を出たときはもう6時で、とても大勢の人が店の前に行列していた。「何キロも続く列が、毎晩できてますよ」ヒロシがそう言った。フェラン・アドリアも——ストーカーに遭っているみたいに、僕の行くところ行くところで、彼の名前が登場する——つい最近この店に食べにきたと、店の人がヒロシに言っていた。

ビールを5、6杯飲んだせいか、夜の景色がかすみ始めていたが、市内有数の商店街、新世界市場へ行ったことと、その後に大阪で流行っている立ち飲み屋、**エノキヤ**へ行ったことはちゃんと覚えている。そこでは、大阪人の性格についてさらに話が盛り上がった。「大阪の人はね、フレンドリーで、ユーモアのセンスがあって、安くておいしい食べ物が好きなんよ」チアキがそう言った。「大阪人の気質には、大阪の歴史が表れてるのよ。商売熱心で、外交的で、お金に細かいけど、公正で冒険心があるわ。みんな現実的で、京都の人みたいに見栄を張ったりせぇへん。単刀直入やし、要領がいいし、どんなことでもただ待ってるなんてあり得へん！」

親しくなった彼らは、だんだん遠慮がなくなってきた。ヒロシはかつては役者だったが、今は放送作家をしていて、テレビのバラエティ番組や、週に1回放送される料理番組のシナリオを書いているらしい。チアキの方は音楽プロデューサーで、夫は世界で3本の指に入るマンドリン奏者だと言っていた。

ふたりによれば、大阪では企業のトップから道路工事のおじさんまで、こういう立ち飲み屋で肩を並べて飲む。僕らはハモ——フワッとして歯ごたえがない魚——を注文し、それから鯛のニンニク味噌添えを頼んだ。そしてお次は、ショウガとネギを添えたかなり大きな厚揚げだ。

その辺りで、酒がどんどん回ってきた。薩摩芋の焼酎の大きなタンブラーが最初に現れて——お

いしかったけど、周りのすべてがさらにぼんやりしていった――その次が、沈殿物だらけのミルキーなものすごい酒だった（あれは生酒、つまり加熱処理をしていない酒に違いない）。

ヒロシは以前、地元紙に、この3代にわたって受け継がれてきた、創業100年近い立ち飲み屋の記事を書いた。後ろの壁にかけられた額には、その記事が先代の写真とともに納まっていた。その先代は、先週亡くなったのだと今のご主人が話してくれた。やがて、お母さんもキッチンから姿を見せた。小さな人で悲しげなようすだったけど、それでも、顔つきは肝が据わっていて、「生活はこれからも続くのよ、人は食べていかなくちゃ」とでも言いたげだった。

店の主人の10歳になる娘さんが、他のお客にビールを注いで、その間に主人は僕らの目の前で太い大根の皮をむいた。大きくて剃刀のように研ぎ澄まされた包丁で、外側から薄くそいでいく。「桂むき」というこのテクニックは、片手で卵を割ったり、パンケーキをさっとひっくり返したりするのと同じように、日本料理の料理人ならまずできてあたり前だとされている。

次に入った店は、チアキが選んだうどん屋、**てんま**だった。僕は、このとどめとなる最後の一軒に抵抗した。満腹すぎるくらい満腹で、ほろ酔いどころじゃなく酔っていたからだが、でもチアキが僕を説き伏せてくれてよかった。そのチアキのひいきのうどん屋で、天国を味わったからだ。

それは、だし汁のなかにカリカリに揚げた小さな餃子が浮かんでいる、シンプルな料理だった。話は、だんだん突っ込んだ内容になっていった。「マイケルさん、好きな食べ物は何？　人生最後の食事は何がいいですか？」ヒロシにそう訊かれた。

僕はしばらく考えた。デュカス（パリの3つ星レストラン、アラン・デュカスを初め、世界各地でレストランを経営するシェフ）やロブションの店の手の込んだ料理にしようか、本場イギリスのローストビーフがいいか？　生ガキ、ロブスター、軽くソテーしたフォアグラも気になるし、日本に来てから食べた忘れられないような料理の数々も、死ぬ前の食事にふさわしい。でも本当のところ、そのときの僕は、このだし汁ほどうまいものはかつて食べたことがないと感じていた。もぎたての豆のように甘く、しかも海の味わいが複雑に絡まり合い、餃子をかじるとみごとなポークのパンチがネギと香草の刺激と一緒に口のなかに広がる。相当酔っていたとは思うけど、今でもその味は、過去に食べた幾多の料理と同様、鮮明に覚えているほどで、僕は正直にふたりにそう言った。チアキとヒロシの顔がほころんだ。お世辞じゃないとわかってほしいと願うばかりだ。

このだし汁がどういうふうに作られているのか、僕は知る必要があった。あっけにとられる友人たちを尻目に、立ち上がって、よろめきながらオープンキッチンのなかへ入っていった。日本人はそういうことはしないだろうけれど、たいていの場合、外国人は無知で行儀が悪いという暗黙の了解が、あらゆる立ち入り禁止エリアへのパスポートになる。僕の質問がどうにか伝わって、昆布だしに加えて煮出す3種類の乾燥させた魚を見せてもらった――それは、鰹節とイワシとサバの煮干しだった。

この最後のキッチンめぐりで、その日の食べ物屋めぐりは終わった。結局わずか10時間かそこらで、1週間分を食べつくした気がする（OK、撤回する、2日分だ）。その晩、どうやってホテルへ戻ったのかまったく覚えていないし、あちこちどこを食べ歩いたのかまるで思い出せないけど、正真正銘の大阪人であるチアキとヒロシが僕に一切支払いをさせなかったことは、ちゃんと覚えている。

17

ふたつの調理師学校の話 II

大阪に来て1週間以上が過ぎた。日本料理界の覇権を争うもうひとりの大物、日本料理の第一人者として辻静雄の後を継ごうとする人物に会うときがきた。東京では、テレビの料理対決ショー『料理の鉄人』の解説者を務めた服部栄養専門学校校長、服部幸應氏に会った。彼は、日本料理の健康面に関する深い知識を備え、日本政府の食育推進プログラムにもかかわる人物だった。日本一の料理屋へ僕を連れていってくれるという約束だって、本当だ。

僕が大阪で会うことになっているのは、そんな服部氏の一番のライバル、辻芳樹氏だ。辻静雄の息子で、静雄が亡くなった1993年以降、大阪に本拠を置く日本最大の調理師学校であり、関西の料理界の砦でもある、**辻調理師専門学校（TCI）**の校長を務めている。

僕は日本へ発つ前に、eメールで学校に問い合わせた。すると驚いたことに、辻氏本人から、どうぞおいでくださいと返事が来た。そんないきさつで、僕はその日、TCIの広い会議室にいた。巨大なオーク材のテーブルの周りには、フランスのアンティークの椅子が並び、すぐそばに辻静雄の胸像がある。彼の息子が来るのを、僕は待っていた。

最初に入ってきたのはアシスタントたちで、お茶を出してくれて、辻は間もなく来ると知らせてくれた。そしてすぐに、彼らのボスが現れた。43歳の彼はすべすべした肌のハンサムな顔立ちで、シャレたスポーツジャケットに黒っぽいズボンという出で立ちで、まるで日本のリチャード・ギアだ。実は、自分はトライアスロンの選手だったのだと、彼は明かしてくれた。どうりで、身体は引き締まっているし、はじけんばかりのエネルギーを秘めているように見える。話し方はソフトで穏やかで、一語一句聞き漏らすまいとする人に向かって話しているような感じだ。

その後、彼のプライベートオフィスのなかにあるラウンジに移動し、そこで調理師学校について少し話を聞いた。大阪にはグループ校がいくつかあり、城を校舎にしたフランス校――シャトー・ド・レクレール（辻静雄が親友、ポール・ボキューズの協力を得て開校した）及びシャトー・エスコフィエ――、それにやや小規模な東京校もあって、学生総数は5000人を上回るという。男女の割合はほぼ半々で、ほとんどが日本人だが、韓国や台湾の出身者もいて、年齢層は20代から60代までと幅広い。日本料理、フランス料理、イタリア料理の他、製菓や製パンを学ぶコースがある。

辻氏に、あなたは日本の料理界の覇権を握っていると思うかと、訊いてみた。「いいえ、とんでもない。でも、責任の大きさは感じています」と彼は答えた。「私たちはここで職人を育てています。本校に入ってくる学生のなかでも、日本料理を学びたいという人はどんどん減っています。修業の厳しさゆえなのでしょうが、本校はその危険性に早くから気づいている学校のひとつです」

辻氏も料理ができるのだろうか？「朝ごはんぐらいなら。12歳から訓練を受けましたが、18歳になって料理をやめました」彼の父は30冊以上もの本を書いた——食べ物についてだけでなく、音楽など、愛着のあるさまざまなことについて書いている。芳樹氏も、すでに2冊——『美食進化論』〔晶文社　2002年〕、『料理の仕事がしたい』〔岩波ジュニア新書　2006年〕——を出版したらしい。彼は、アメリカで学んだビジネスを生かし、学校を発展させ、拡大する道を見つけた。今では、TCIはそれ自体が小さな町のような感じで、校舎のビルがこの地区にいくつも建っている。

「校内をご覧になりますか？」辻氏がそう言ってくれたので、ぜひ、と僕は答えた。誰か、係の人が簡単な校内のツアーをしてくれるものと、勝手に思った。ところが、「では、行きましょうか」と、彼本人が言う。辻氏は、自分の学校に誇りを持っていて、自ら僕を案内したかったようだ。その理由は、それからすぐにわかった。そこは、僕がこれまで見てきたなかで、どこよりもすばらしい料理学校で、パリの僕の母校、ル・コルドン・ブルーだって、アフリカの未開の森の小学校に見えてしまうほどだ。しかも、それだけじゃない。そこは、教育施設としても、これ以上はあり得ないというほど、ずば抜けていたのだ。

最初に見せてもらったのは、映像を収録したり写真を撮ったりするのに適した、最先端のキッチンTVスタジオだった。演色性の高いライトの下で、大勢の生徒が撮影用の料理の準備をしていた。次の部屋は大講義室で、辻氏によれば、服部栄養専門学校の講義室の2倍ほどあるということだった。磨き上げたマホガニーのライティングデスクや、12個の銅製鍋が正面にかかっている巨大なステンレスの作業台が、スポットライトを浴びて輝いていた。デザインはパークハイアット東京（映画『ロスト・イン・トランスレーション』に登場したホテル）を手がけたジョン・モーフォードで、この学校のすべてがそうだが、金に糸目をつけない造りとなっている。校内の内装は、高級スポーツ施設みたいに、どこもエレガントで上品で、青みがかったグレーと洗練されたベージュを基調としていて、どの部屋へ行っても、学生は全員こぎれいな白の制服に青いエプロンをつけ、グレーのズボンをはいている。そしてシェフたちは、シングルの白いジャケットにネクタイを締め、長いコック帽をかぶっていた。

辻氏の説明では、490人いる指導スタッフはすべて日本人で、そのほとんどがスペシャリストということだ。なかには、30年以上卵焼きだけを極めてきた先生もいるらしい。「本校では、最も質の高い教育を行っています。本校の教師になるには厳しい競争を勝ち抜かねばなりませんし、いったん教師となってからも、水準を維持し続けるのは並大抵ではありません」日本の料理人が味わう恐怖については、さまざまな話を聞いていた。実際に調理場で働き始めるといろいろ痛めつけられることについて、どうやって学生に覚悟させるのだろう？「本校の教師は、手や器具で殴ることも、精神的ないじめを行うことも許されていません。しかし、そのような規則があっても、修業は非常に厳しいものです。それに耐えなければならないのです」辻氏はそう答えた。

年間授業料は、最高で200万円を超える。「世界一高価な料理学校です」辻氏は、そう胸を張った。「ドロシー・カン・ハミルトンは、世界一高価なのはニューヨークのインターナショナル・キュリナリー・センターだと言い張ってますがね。その点に関しては、私も黙ってはいませんよ！」（辻氏は、デビッド・ブーレイと共同で、ニューヨークに「ブラッシュストローク」という日本料理店をオープンさせている）

校舎は、フランス料理、イタリア料理のコースの建物もあれば、製菓専門コースのビルもあるという具合で、管理棟には専任のカウンセラーのオフィスもいくつかあり、学生が学校生活になじんだり重要な個人的問題を解決したりする手助けをしている。

ピカピカに磨き上げられた大きく清潔なキッチンで、実演の講義を見学した。シェフが、「太陽」をテーマにしたメニューをひと通り説明し、鮭の卵を卵巣ごと取り出す方法に続いて、醤油と柚子を使った鮭の切り身の料理を実演した。まず、熟練の裁縫師みたいに、人差し指と中指で器用に骨をスライドさせて、外す。それから、醤油、みりん、タマネギ、酢を混ぜてドライチリを少し入れたなかに、切り身にした鮭の身を浸して、マリネにする。学生たちは座って熱心に見守り、低く鳴るエアコンの音だけが部屋に響いていた。

ヨーロッパやアメリカの外食産業では、今も徒弟制度が広く用いられていて、熱意のある若者が、たいていは無給で、プロの調理場の一番下っ端から修業を始める。そういう制度が悪用されて、弟子が奴隷のように使われるケースも多いが、日本では、少し状況は異なる。「かつては、若い料理人が調理場で働く許可をもらうまで、店の表で1週間も座らされるということが実際にありました――とても有名な料亭ですけどね――でも、今は、そうした制度は事実上崩壊しています。日本では階級というものはありません。16歳で始める徒弟制度はあるにはあります。それは給料をもらう代わりに生活する部屋や食事や電車賃をあてがってもらうものですが、そういうものも、もうなくなりつつあります」

TCIでは逆に、国内の一流レストランから卒業生を求められるらしい――1万5000軒の料理店がこの学校に、年間3000人の卒業生のなかのひとりを推薦してほしいとリクエストするのだ。

実演が終わると、辻氏がランチに誘ってくれた。彼に従って学生食堂のひとつに入ると、すべてを学生が切り盛りしていた。ル・コルドン・ブルーでは、シェフが実演でコース料理を3品作るのを見た後で、学生は調理室へ移動してメインの料理を作る。でも、ここでは、間もなく食堂を埋め尽くす50人ほどの口うるさい客のために、学生たちは10品のコースの準備をしていた。

まだ早めの時間帯だったので、辻氏に勧められて少し調理場のなかを見せてもらった。学生たちの技術、段取りのよさ、作っている料理の手の込み方にはびっくりだった。端の方で、男性ひとりと女性ひとりがみごとな刺身に最後の仕上げを施しているかと思えば、他のところでは、天ぷらのつけ合わせ用にそうめんを揚げていた。

料理はあまりにもすばらしかった――優雅で彩りがよく、新鮮で独創性がある。レストランで出される料理と見分けがつくかと訊かれたら、答えに詰まるだろう。僕らは、学生たちと同じテーブルに着いた。ひとりの学生に質問してみた――辻氏が通訳してくれた――なぜこの学校に入ったのか？「日本が大好きだし、日本文化について学びたいと思ったからです」というのは、ミス・ユニバース的優等生の答えだったが、「日本料理は世界一クールで美しいから」とも言っていた。確かに。

ランチを食べながら、僕は、その日の夜に大阪の有名レストランのひとつ、**カハラ**で食事をするのを楽しみにしていると話した。

「ああ、あそこはいい店ですよ」と辻氏が言った。「どうやって、あの店を見つけられました？どなたといらっしゃるんですか？」

「門上さん（門上武司氏。関西の一流フードライターで、僕はその前日に会っていた）が勧めてくれたんです。ひとりで行くつもりです。子どもを連れていくような店ではないと聞いたので」

辻氏は顔をしかめた。「おひとりでいらっしゃる……いや、そういうわけにはいかない」彼はそう言いながら、ジャケットの内ポケットから手帳を出した。「ちょっと待ってください……私がご一緒しても構いませんか？」

「それはとても嬉しいです。でも、今すぐ予約しないとまずいんじゃないですか？」（その店はたったの8席しかなくて、何週間も前から予約で埋まっている）

「それはご心配いりませんよ」辻氏はそう言うと部下を手招きして、日本語で何か伝えた。

しばらくすると、その部下が戻ってきて大きくうなずき、手はずがすべて完了したのがわかった。

というわけで、その晩辻氏と僕は、森義文氏の有名なカウンターだけのレストラン、カハラでもう一度会った。森氏は、60代前半の、背が低くて恰幅のいい、ごま塩頭のシェフだった。

森さんはこの暗くシックなレストランを大阪の歓楽街、北新地で、35年前から営業しているのだと辻氏が話してくれた。彼は独学で研鑽を積んだというが、きわめて創意に富む料理は、日本の極上の季節の素材にフランス料理や今風の「モラキュラー」のテクニックをブレンドして作られている。彼を、「日本のフェラン・アドリア」と呼ぶ人もいるらしいが、その日最初に登場した発泡日本酒にワサビを溶いた「料理」を味わえば、その表現はぴったりだと言うしかない。そして、後から出てきたのは、森氏の定番ともいうべき「ステーキミルフィーユ」——とても薄くスライスしたとろけるように柔らかい牛肉を、森さん自身がカウンターの前の鉄板で表面を軽く焼いて重ねた料理——もっちりしたフカヒレのマツタケ添え、軟らかな昆布の上に載った大きな粒マスタードがかかったハモなどだった。

品数は全部で10以上あり、後でわかったことだが、辻氏が特に貴重なヴィンテージ・ボルドーを注文したこともあって、その夜の会計は10万円を超えていたはずだ。彼は支払いは任せてほしいと言い張り、実際、いつ財布を出したかもわからないうちに支払いを済ませていたが、彼のもてなしはそれで終わりではなかった。

「お時間があれば、1杯やりませんか?」店を出るとき、彼はそう尋ねた。

そして、通りの2、3軒先まで行って振り向き、にっこり笑って地下へ続く入り口に案内した。彼の、プライベートなメンバーズクラブだということだった。出迎えてくれたのは、華やかなドレスを着た化粧の濃い中年の女性で、明るい照明の細長いラウンジへ通された。

僕は初め、「あぁ、みんな奥さんを連れてきて夜を楽しんでいるなんて、なかなかいいな」と思った――本心でそう思っていた。でも、その「奥さんたち」のひとりが僕らのテーブルに忍び寄ってきて、腿が触れ合うほどぴったりとくっついて座るので、僕にもようやく真実が呑み込めた。

辻氏がキープしていたシングルモルトウイスキーのボトルは、僕らがテーブルに着くより先に貯蔵棚から取り出され、テーブルの上で僕らを待っていた。彼は僕と、隣に座ったふたりの女性のグラスに、ウイスキーを注いだ。この女性たちは親しい友人なのだと彼は言った。「ひとりで大阪にいるときは、よくここへ来ます。家族は東京にいるものですから。彼女たちは本当にいい友だちで、ランチなどにお誘いすることもあります」

僕は、はにかみ屋のティーンエイジャーみたいに、女性たちに笑いかけた。金を払って女性に同伴してもらうなんて、たとえプラトニックであっても、僕から見れば自滅的な行為でしかない。金を支払って一緒にいてもらったとしても、当然ながら、その人は自分に対して偽善的で無意味な興味しか持ってくれない。BOW WOWカフェで犬と触れ合うのと同じようなものだ。ところが、そう思っていたはずなのに、僕はものの数秒でホステスたちの魅力にすっかり参ってしまった。もう、彼女たちの思うがままだった。

彼女たちの仕事ぶりはとてつもなくすばらしく、チャーミングなブロークンイングリッシュで話してくれるものだから、あっという間に僕は、ふたりが心から僕自身に興味を持ってくれている、僕がうまい具合に彼女たちを誘惑している、と思い込んでしまった――ふたりの接客はそれほどみごとだったのだ。ひとりはエヴァ・ガードナーを若くしたような顔立ちで、もうひとりはレネー・ゼルウィガーみたいなえくぼがあるけど、そんなことはどうでもよくて、とにかくふたりが僕を気に入ってくれていると、本気で思ってしまった。

夜が更けるにつれて、プライベートなことに話が及んだ。僕は辻氏に、どこでそんな非の打ちどころのない英語を身に着けたのかと訊いてみた。父上の方針で、12歳でイギリスの寄宿学校、フェテス・カレッジに入学させられたらしい。トニー・ブレアの母校だ。それは苦労したに違いない。

「ええ、まあ、学内でただひとりのアジア人でしたから」彼はそう答えた。それを聞いて僕は、辻静雄ほど、食に対して繊細で磨き上げられた感覚を持つ人が、よくも息子をスコットランドへ行かせたものだと感心した。「今だから言いますが」と辻氏は笑って言った。

「味覚が戻るのに10年かかりましたよ!」

18 博多ラーメン――福岡

ブース家の一行は、新幹線で、さらに南にある九州という島の福岡へ向かった。

効率的な列車のシステムは、正しく機能している社会のシンボルだとよくいわれるが、日本の鉄道網を見ると、スイスの鉄道網でさえ僕が生まれ育ったイギリス並みだと思えてしまう。日本の鉄道網は、効率性の面ではお手本中のお手本だ。数秒の狂いもなく時刻表通りに運行されているのはもちろんのこと（到着が定刻より1分遅いと、遅れているとみなされる）、到着した列車のドアがプラットフォームについている印とぴったり合うように停止するので、指定席の切符を持っている人はホームのどこで待てばいいかが正確にわかる。ホームには、整列するためのラインまで引いてあるから、どこに立てばお行儀よく待っていられるかがわかるのだ。

新幹線が到着する瞬間は圧巻だ。白く大きな鼻先がゆっくりと滑るように入ってきて、パーフェクトに減速し、満足気なため息のような音とともにピタリと止まる。リスン、アスガー、エミルにとっては、初めての超特急列車だ。僕は、何日も前から新幹線の話をして盛り上げ、興奮を伝えようと躍起だった。なのに、そのときが来てみると、アスガーとエミルはまったく愛想がなくて、列車の空気力学的形状とか、猛スピードで過ぎ去る車窓の景色とか、ふたりの注意を引こうとしていろいろ言ってみたけれど、すべて聞き流され、無視された（新しいポケモンのフィギュアなら、目が釘づけになるくせに）。

福岡は新幹線の終点で、東京から1175キロメートル離れている。最終駅がある博多はもともとは商業の街で、粋な城下町の福岡とは別の街だったが、1889年に両者が統合されて福岡市となり、今では人口140万人の大都市となっている。福岡の人は、自分たちを文化的で国際的だと思っているらしい——韓国まで高速フェリーの便があるし、上海行きの飛行機の直行便も所要時間は東京へ行くのと変わりがない。そして、たぶんそういういくつかのことが理由で、この街ではユニークな食文化、屋台が名物となった。到着した日の夕方、僕らは中心街をぶらついていて、その屋台を見つけた。

着いたそのときから、福岡はくつろげる街だった。日本で訪れた街のなかで、もしも住むとしたらここだと思うのが、福岡だ。適度に小さくて扱いやすく、大都市のおもしろ味も備えていて、独特の——リラックスしていて、快適で、遊び好きで、気取らない——雰囲気を持っている。気候に恵まれ、ショップや美術館、音楽ホール、ライブスポットが充実し、にぎやかな歓楽街もあり、都会の生活で欲しいと思うものは何でもそろっている。

屋台は、ざっくばらんな華やいだ雰囲気を街にもたらしていた。最初の晩に街の中心部を歩いて、那珂川の方向へ角を曲がると、川沿いに雑然と並ぶ屋台が見えた。ほとんどが車輪のついた移動式の屋台だったが、周りをビニールのシートで覆った、子どもの頃に兄弟で森に張ったテントみたいなものもあった。どれも裸電球が灯り、鍋から湯気が立って、大勢の客が気に入った店の折り畳み式テーブルの席に着こうと行列している。覆いのない店もあれば、カーテンがかかっている店もあった。カーテンがある店のひとつでは、料理人が子どもたちに気づいて何か言ったので、すぐに退散した。どうやらアスガーとエミルには向かない食べ物だったらしい。歓迎してくれる店は他にいろいろあって、間もなく僕らは、気持ちがいい夜の空気に包まれて川を見渡せる店で、折りたたみ椅子に腰かけて共用のテーブルに着き、ひとりひとつずつラーメンを注文した。

博多ラーメンは、豚骨から取った白っぽいスープがベースだ。他のラーメンよりもスパイシーだけど、とても美味しい。翌日は、またラーメンを探して歩き、有名な**一蘭**を見つけた。まるでピープショーみたいに、ひとりずつ仕切られたカウンターで食べる店だ。ここのラーメンもやはり絶品で、子どもたちは自分だけのプライベートゾーンですごく誇らしげに食べていた。ふたりがブザーを押しては喜ぶものだから、店の人たちはうんざり顔だったけど。カウンターは、店内の狭い通路の両側にあって、スタッフがその通路を忙しく行き来して客の要望に応えている。しかも、たとえ忍耐力を試されるような4歳と6歳の客がいなくても、ここの常連客の要望はかなり厳しい。店に入った客は、まずアンケート形式の小さなオーダー用紙を受け取り、質問に答えて自分が食べたいラーメンをあらゆる点でカスタマイズするからだ――麺の固さ（超かた、かため、基本、やわめ、超やわ）、ネギの種類（なし、白ねぎ、青ねぎ）、スープのこってり度、などが選べるのだ。「携帯電話禁止」の横には「隣の人との会話禁止」の張り紙があり、ここはラーメン愛好家が真剣に味わう場だということが伝わってきて、この前東京で出会ったすごい男のことをふと思い出した。

東京に滞在していたとき、エミが連れていってくれた**新横浜ラーメン博物館**で、僕はラーメン王の小林孝充氏に会った。だが僕としては、深遠で興味深い彼の世界を語る前に、途方に暮れるほど多い日本の麺の種類について、少し時間をかけて明確にしておく必要がある。

日本に古くからある麺は、そばとうどんだ。そば――そば粉（あるいは、そば粉と小麦粉のブレンド）で作る、細くてまだらのある麺――は、おおむね日本の東部で好まれ、うどん――精白小麦粉で作る太くて柔らかい、つるつるした麺――は西部で好まれる。その本来の理由は、そばは東京周辺のやせた土地でもよく育ったからだ。もちろん、現在では日本のどこへ行ってもあらゆる種類の麺が食べられるが、関東と関西の食通は、それぞれの違いを大切にしている。トシは、ざるそば――茹でてから冷たくしたそばで、竹のすのこの上に盛られ、少量のつけ汁と一緒に出される――を食べることは、ある種の特権意識と結びついているといっていた。大きな鉢に入った温かいそば――かけそばという――を食べる方が一般的らしい（自分の家で誰もいないときは、彼もかけそばにすると言ってたけど）。そばは、フランスのガレットと同じくそば粉で作られているが、ガレットにはない、土のような、金属粒子のような、風味がある。そば粉100パーセントのそばを食べるのは、文句なく身体にいい。ビタミンB1、B2がたっぷり含まれていて、タンパク質の含有量も米より多いからだ。高血圧予防効果や抗酸化作用があり、がんの予防に役立つと考えられているバイオフラボノイドも豊富だ。炭水化物がゆっくりと分解されるため、パスタと違って、食べて30分もすると睡魔に襲われるなんてことはない。一方、うどんは、栄養素がほとんどなくてカロリーだけがある食べ物で、最大の魅力といえば、お腹がいっぱいになることと、柔らかくてもっちりした食感が楽しめることだろう。うどんは、たいてい温かくして食べるが、ときには冷たい麺つゆで食べることもある。

そばとうどんは、もとから日本の食べ物だが、ラーメンは中国から日本に入ってきた。でも日本人は、そばとうどんを合わせてもかなわないほど、たくさんラーメンを食べている。たぶんそれは、インスタントラーメンが桁外れに普及しているせいだろう。ラーメンが日本にやってきたのは20世紀に入ってからだが、戦後になって、肉の場合と同じように、脂肪分の高さが「大きな身体」を目指した一般の人たちにうけた。当時は、米の足りない時代だっただけに、米に代わる食品としても活躍した。辻静雄はラーメンは中国の料理だとあっさり片づけていて、『*Japanese Cooking : A Simple Art*』ではひと言も触れていない。でも一方で、彼は、焼きそばのことはしぶしぶながらも（綿あめと同じように）「日本各地の祭りにつきもの」だと認めている。焼きそばの「そば」は、そばじゃなくてラーメンなのに。

その他に、素麺という細くて上質の、高貴な麺がある。小麦粉とごま油で作られる素麺と、それより少しだけ太い冷麦は、基本的にはうどんの仲間だ。それから、ジャガイモのでんぷんを原料とする春雨は、こんにゃくの一種であるしらたきとよく似た麺だ。ついでに言うと、岩手県には、ひと口分ずつお椀に入って出てくる、わんこそばというのもある――お椀を空にすると給仕のお姐さんがすぐまたそばを入れてくれるという仕組みで、ひとりでだいたい50杯ほど食べる。わんこそば選手権なんていうものまであって、ひとりで350杯という記録があるそうだ。

それでも、これだけいろいろな麺があるというのに、この国で空腹を満たすものはラーメンなのだ。時間がないとき、汁ものが食べたいとき、「うまみ」に陶酔したいとき、炭水化物とポークのタンパク質が欲しくてたまらないとき、温まって満たされたいとき、何もかも忘れて丼鉢の中身をズルズルとすすりたいとき、日本人の頭に浮かぶのはラーメンであって、鮨や天ぷらといったごちそうじゃない。ポリスチレンの容器にお湯を入れて作るインスタント麺だろうが、電車に飛び乗る前に立ち寄るカウンターの立ち食いだろうが、実直な大将が丹精込めて作った逸品だろうが、とにかくラーメンを選ぶのだ。

今では、ラーメン専門の雑誌ができたり、各地のラーメン店について取り上げるウェブサイトやブログが数限りなく立ち上げられたりと、日本の産業全体がラーメンの恩恵を被っているといってもいい。調理人も、頑固な保守的タイプもいれば、新しいスタイルの斬新なラーメンを開発しようと躍起になる革新的タイプもいる。20万件以上ものラーメン屋がある今の日本は、食品業界アナリストによれば「ラーメンブーム」らしい。

ラーメンとは、黄色くて縮れた、腰のある中華麺がスープたっぷりの深い鉢に入っていて、何種類かの具——たいていはローストポークのスライスと何か——が上に載っている料理だ。でも、世界中でヒットした映画『タンポポ』で、ラーメン屋の若い女性店主に、たまたま来店した謎のトラック運転手が教えているように、実はラーメンにはさまざまな種類がある。製麺のしかたやスープの作り方など、レシピは数えられないほど多いのだと、ラーメン王の小林孝充氏は説明してくれた。

「基本のタイプは4つです。東京の醤油ラーメン、札幌の塩ラーメンと味噌ラーメン、九州・博多の白いポークスープを使う豚骨ラーメン、または博多ラーメンです。僕がラーメンに惚れ込んだのは、実はこのラーメン博物館に来たときです」小林氏はそう言ってから、懐かしげに言葉を続けた。「豚骨だしのラーメンに出会ったんです。こんなにうまいものがあるなんて、思ってもみませんでした」

僕はてっきり、32歳の小林氏は、ラーメンを作るチャンピオンか、あるいは早食い競争のチャンピオンだと思っていた（1991年にバブルがはじけるまでは、早食い競争は日本で人気のイベントだったが、今ではそういうこれ見よがしの消費はあまり品がよくないと考えられるようになった)。ところが、彼が優勝したのは、テクニックとか、料理人、ラーメン店、地域と種類などの知識や、ラーメンに関する実に細かい雑学を競う大会だった。彼は、他の24人のラーメン通と50万円をかけて直接対決し、異なるタイプのラーメンの味を区別したり、どこのラーメン店かを写真で見分けたり、果ては録音した店内の音を聞くだけで店の名前を当てたりしたらしい。

賞金を何に使ったのか、興味があった。「全部食べました。普段、ラーメンに注ぎ込む額からすると、3年分です。僕は、年間1000軒以上、ラーメン屋へ行くことにしています」うんざりすることはないのか?「一度もありません。だって、ラーメンはどれもみんな違いますから。まず、だしが違うでしょ——豚骨、鶏ガラ、鰹節、昆布、煮干し、数えたらきりがありません。1日に11杯食べたこともありますよ。いらっしゃい、見せてあげますから」

僕らが会ったのは、日本一中国人の人口が多い都市、横浜にある、新横浜ラーメン博物館だった。入り口のある1階には、300個のどんぶりを展示したラーメンの歴史を知るコーナーと、ラーメンをテーマにしたいろいろなお土産を売っているショップがある。12種類の異なる麺の展示もあったけど、僕にはほとんど違いがわからなかった。けれども、この博物館が1994年の開館以来、今でも大勢の人を集め、類似の施設が全国にいくつもできた本当の理由は、下の階にあった。

博物館の地下には、1950年代の横浜が完璧に再現されていた。照明は、昔の街灯が照らしているような感じでほの暗く、薄暗い路地や、年代物の剥げた看板、色あせた雨どい、レトロな感じの店先などが特徴で、ラーメン店が10軒ほどあり、頑固そうな主人がさまざまな地域の違うタイプのラーメンを作っていた。

手始めに試したのは、和風だしがベースの東京のラーメンだ。絶品だった。深い深い、濃厚なうまみのなかにシャープなだしの味わいがある。ちょっとだけ味見するつもりが、いつものごとく麺をすする手が止まらなくなり、どんぶりの中身が完全に腹に収まってチャプチャプいうまで食べつくしてしまった。それに比べると、**ふくちゃんラーメン**の白い博多ラーメンは、少し物足りない気がしたが、スープの色の薄さや、時間をかけてローストしたポークの風味で、軽い感じに仕上がっていた。次に食べてみたのは、札幌の味噌ラーメンだ。名前の通り、スープは味噌仕立てだ。店に入ると、主人がスープを顕微鏡で見ていた。

「いったい何やってるんですか?」僕はそう尋ねた。「ああ、よくあることですよ。スープの濃さを確かめてるんです。みんなやってますよ」

僕には、札幌ラーメンはちょっと「きつい」感じがした。そのとき食べたのは発酵させた麺で、並はずれて腰が強かったからだ。小林氏も同じ意見だったので、ちょっとだけ誇らしい気分になった。僕にも、ラーメン王になる素質があるっていうことじゃないかな。でも、たった3杯食べただけでラーメンの詰まった風船みたいになった自分を見て、そんな自信はなくなった。

小林氏は、さらに食べ続けた。音を立てながら。彼は、日本人がなぜ大きな音を立ててラーメンをするのかを教えてくれた——そうすると麺が冷めるし、味や香りがいっそう引き立てられるかららしい。まるで、貴重なブルゴーニュワインをテイスティングするみたいなすすり方だ。

どうすれば、うまいラーメンと並みのラーメンを見分けられるのだろう？「麺がアルデンテかどうかが基本になります。中国人は食感をあまり気にしませんが、日本人はとても大切にするので、かん水を加えて麺の腰と歯ごたえを出します。日本人はうまみも大好きですから、スープにだしを使います——中国ではそんなことはしません。醤油も、日本と中国では違いがあります」

おしゃれなタイプの、高級ラーメン屋もあるのだろうか？「いいえ、ラーメンは大衆の食べ物です。どんなに高くても1000円程度です。でも、ラーメンの調理人の職人技は、限られた条件のなかで自分の最高のラーメンを作り出すところにあるのです。僕はそれを、どんぶり1杯の芸術と呼んでいます。ラーメンは、日常の食べ物ですよ。だからこそ僕は、心からラーメンを愛しているんです！」スペースというものがとにかく貴重で、車から携帯電話に至るまで、あらゆるものができるだけ小さなスペースで使えるようにデザインされているこの国で、僕は、たったひとつのどんぶりのなかに料理が丸ごと詰まっていることに魅力を感じた。「そうなんです！　その通りですよ！」小林氏が言った。

そんなにたくさんラーメンを食べて、身体に影響がないのかと尋ねてみた。彼は日本人にしては体格がいいが、太っているようには見えない。ラーメン尽くしの生活の結果なんだろうか？「まあまあですね。ラーメンは、マクドナルドほど悪影響はありません。野菜も入ってることですし」

週に1回はラーメン博物館のなかをうろうろして（結局この日は2時間もそこにいた）、しかも日本中を旅して究極のスープを追い求める彼を、奥さんはどう思っているのだろうか？「理解を示してはくれます。だけど、あるラーメンのウェブサイトで彼女を見かけて、なんと彼女がラーメン屋で働いてると初めてわかったんです」

別れ際に、名刺を交換した。彼の名刺には、堂々と、ラーメン王と書いてあった。「あなたが世界中にラーメンを紹介してくれるのは、とても嬉しいです！」彼は、ラーメン博物館の入り口で手を振りながらそう言った。

19　不死身でいたい？——沖縄

自分がいつか死ぬということについて、人の考えはさまざまだが、自分にもやがて死が訪れることを受け入れ、そのことをいつも思いながら前向きに生きている奇特な人たちがいる。それどころか——僕も実際に会ったことがあるけど——ある日、自分がもう存在しなくなる、心臓が停止する、永遠の虚空に真っ逆さまに飛び込んでいく、という事実にまったく不安がないという人たちだっている。

そして一方では、当然ながら、自分の身体や意識が衰弱した万が一のときには、自ら命を終わらせたいと思う人もいる。その人たちは安楽死を容認し、たとえば、なぜ台所へ来たのかが思い出せなくなったりしたときに、自分の最後は自分で決めようと考える。僕の父は、冗談半分でだけど、「自分が正気を失うような事態になったら牧草地へ連れ出して撃ち殺すようお前たちにきつく命じる」といつも言っていた（ありがたいことに、父はまったくもうろくせずに亡くなった——そもそも、僕らは銃を持っていなかったし、家には牧草地なんてなかった）。僕はといえば、父とは違って、日に何度か死について考える――つまり、そのたびに何分間か宙を見つめて、自分の死というむごたらしい現実と格闘する。もしも、誰かが「元気出せよ、そんなことにはならないさ！」と言うたびに1ポンドずつお金をもらえたら、きっと今頃は大金持ちに……でも、そういう日はいつか来る！　だから僕は、こんなにしょぼくれた顔をしているんだ。

いつから死について考え始めたかは、はっきりと覚えている。ある晴れた午後、教室の窓から外を眺めていたとき、ふいに、いつか自分にも死ぬ日がやってくるのだという思いに駆られた。そして、世界は僕がいなくなってもそのまま続いていく！　2階の窓から飛び降りて下にあるバスケットボールコートに落ちても、車は道を走り続け、人はテレビを見続け、事務員さんは放課後におがくずの山の処理を続け、ウェディック先生はクラスを静かにさせて、なぜオーストラリアでは排水溝の水の渦巻きが逆向きなのかを説明し続ける。

その数ヵ月前、ウィンブルドンで気高いボルグがこらえ性のないマッケンローに負けることを神様が許したときから、僕は神様が存在する可能性をもう認めないことにしていた。9歳だったと思う。でも僕は、他の部分については――学力的にも社会的にも肉体的にも――はっきりいって成長は人並みだった。幸いというべきか、ただひとつ同級生と比べて早熟だったのが、存在の短さとはかなさについての理解だったのだ。だから、中年と呼ばれる年齢にさしかかるにつれ、僕の身体と心がばらばらになって、ますます屈辱的に老いを示しても、できるだけ長く生にしがみついてやると誓ってしまう。失禁するようになろうが、わけのわからないことを口走るようになろうが、周りの人を不快にさせようが、しみだらけの手を出してベッドの横にある生命維持装置の番をする看護師の手をしつこく握るようになろうが、構いやしない。できる限り長く、いつまでも子どもたちのお荷物になってやる。「短くても充実した人生」なんてお断りだ。70歳どころか、100歳過ぎまで生き延びたい。

老年学者は、人間の身体は、理論上は120年以上もつと考えている。実際、史上最高齢のフランス人女性は、122歳と6ヵ月で亡くなった。学者たちは、死や老化を招く原因のうち、DNAにかかわるものはわずか25パーセントで、残りはすべて自分でコントロールできる範囲にあるとも言っている。そんなこんなで、僕は、毎日のように新聞に載っている健康上の不安をあおる記事に弱い。そういう記事を金科玉条のように復唱し、食事や運動不足や精神的ストレスを気にしている。飽くなき食欲があって、依存癖があって、生まれつき怠惰で、根本的に弱い性格であるおかげで、完全菜食主義者にはならなかった。けれども、そういう急激な転換こそなかったものの、僕は常に健康的な生活の特効薬みたいなもの、理屈では無理だとしても、僕のおんぼろな肉体をあと70年ぐらい持ちこたえさせて命を引き延ばしてくれそうな秘伝の食べ物とかライフスタイルを探し求めている。

というわけで、リスンと息子たちは、沖縄といえばのどかな砂浜とトロピカルな海を思い描いていたけれど、僕の方は、実は神様に見捨てられる死が怖くてたまらないから、日本の南にある楽園の島へやってきたのだ。

沖縄の人たちは、永遠の命の秘訣を知っている――それはオーバーだとしても、少なくとも、年齢が3桁になるまで健康で活動的に生きられる秘訣は知っている。彼らは、地球上の誰よりも長生きだ。世界一の長寿を誇る他の地域の人たち――たとえば、パキスタンのフンザバレーの住民や、エクアドルのアンデス山脈地帯に暮らす人々――とは違って、沖縄には1879年以降の記録があるから、長寿を証明できる。しかも彼らは、高価な薬やピンピンと音が鳴る機械のおかげで生きながらえているわけじゃない。沖縄の高齢者は活動的で、自立して暮らし、社会に貢献し、健康で、100歳を過ぎても、いわゆる「スーパーセンテナリアン」(110歳以上の人)の域に達しても、自分で動くことができる。沖縄では、80歳代の人の親がまだ健在である割合もすごく高い。

欧米人の3大死因は、心臓病、脳卒中、がんだが、沖縄人がその3つにかかる割合はどこよりも低い。心臓病で亡くなる人は、アメリカでは10万人中100人を超える割合だが、沖縄ではわずか18人だ。もちろん、そもそも日本人は、平均余命では世界のリーダー的存在だ。日本の女性の平均余命は85・99歳で世界一長く、男性だって79・19歳で、79・4歳のアイスランドに次いで世界第2位だ。そのうえ、世界のスーパーセンテナリアンの40パーセント以上は日本人だ。今、この原稿を書いている時点での男性世界最高齢は、111歳の田鍋友時さん(女性世界最高齢もやはり日本人だったが、僕らが日本へ発つ数ヵ月前に亡くなった)。それだけでも、日本の食事とライフスタイルを詳しく観察すべき理由になるが——たとえば、アメリカでは30パーセントの人が肥満なのに、日本ではたったの3パーセントなのはなぜか——それにしても沖縄の人の長寿は、とにかく群を抜いている。沖縄には、100歳以上の人が本土の2・5倍もいる。沖縄の女性の平均余命は86・88歳だ。現時点では、沖縄の人口131万人のうち、100歳以上は800人以上で、世界最高の比率だ(日本全体では、1億2700万人強の人口で100歳以上が3万人いる)。

沖縄の人は間違いなく何かいいことを——それも、ひとつじゃなくていくつかのことを——している。死を病的に恐れる人間(誰だってそうだろ?)が心強いヒントを得るには、沖縄は最高の場所だ。

日本人全体が長寿になったのは比較的最近で、1970年代まではスウェーデンが長寿の記録を保持していたが、沖縄の人たちは何世紀も前から、もしかしたら何千年も前から、健康的な暮らしをしてきたといわれている。紀元前3世紀には琉球王国と貿易を始めていた中国では、沖縄のことを「不死の人の国」と呼んでいた。中国の幻の桃源郷とは、沖縄のことだという説まである。

そうはいっても、沖縄は世界一長寿の人が住んでいそうなところではない。第一、沖縄県は、日本のなかでもひとりあたりの所得が非常に低く、健康な人は所得水準が高いという物差しが当てはまらない。また沖縄は、台風と食糧不足に常時悩まされ、住民はそのたびに立ち上がって気持ちを新たにしては、また飢えに苦しむという生活を繰り返してきた。さらに、あらゆる武器の所持が禁止され、ギターが刀に取って代わったような非軍事的で平和な地域だけに、他国に侵入され、容赦なく従属させられた経験が何度もある。同じ日本の薩摩藩がやってきたのは1609年で、過酷な税を課し、鎖国が行われていた時代にこの島々を中国との貿易ルートの拠点として利用した。18 50年代の半ばには、ペリー大佐――野蛮な軍人とまではいえないけれど、それでもかなり挑戦的な外国人――が率いる艦隊が琉球に停泊して、ここから日本の本土へ向かい、カキの殻をこじ開けるようにして日本を開国させようとした。それから、ご承知の通り、第二次世界大戦中には、再びアメリカ人がやってきた。沖縄の人口の4分の1が――4分の3という説もある――死亡したが、投降するくらいなら自害しろと軍人に強要されて亡くなった人も大勢いた（悲しいことに、そのわずか数週間後に日本は降伏し、天皇は「世界の大勢また我に利あらず」と不本意ながら敗北を認めた）。そして、最後に忘れてはいけないのは、沖縄には毒蛇が出没することだ。僕らも、噛まれた跡がいくつも残っている地元の人を何人も見た。

沖縄に比べれば、日本の本土の人の長寿の理由はわかりやすい。戦後のすさまじい経済成長とともに医療が目覚ましく進歩し、結核などの致死的な病気が一掃された。また、日本人は、タンパク質や動物性脂肪を積極的に摂るようになったため、体格が向上して、平均身長が7・5センチほど伸びた。そして、たぶん、国民全体の健康状態がよくなった最大の原因だと思えるのが、1970

年代の初め頃から塩分の摂取を控えるようになったことだ。もともと日本では、心臓病で亡くなる人は少なかったが、塩辛い食事のせいで脳卒中で亡くなる人は相当多かった。今でも欧米に比べれば塩分の消費量は多いが（日本政府は1日の摂取量を12グラム以下としているが、欧米各国ではおおむね6グラム以下が推奨されている）、日本政府は1970年に醤油に含まれる塩分の量を減らすように指導し、その後は、日本でもさらに減塩が進んでいる。とはいえ、脳卒中の事例は急激に減ったものの、近年になって彼らが欧米のファストフードを好んで食べるようになると、肥満の度合いやコレステロール値は上昇し始めている。ならば、沖縄が特別なのはなぜなんだ？

僕は、沖縄在住のカナダ人で、沖縄人の長寿に関する研究の第一人者であるクレイグ・ウィルコックス博士とすでに連絡を取っていた。彼は双子の兄弟のブラッドリー――現在はハーバード大学を拠点に研究中――と、沖縄人の長寿に最初にスポットを当てて1970年代半ばに政府の出資で百寿者《センテナリアン》の研究を始めた地元の老年学者、鈴木信博士とともに、沖縄人の長寿の研究に10年以上携わってきた。

数年前、この3人は『*The Okinawa program : How the World's Longest-Lived People Achieve Everlasting Health and How You Can Too*』〈沖縄プログラム：世界一長寿の人々はどのようにして永遠の健康を手に入れたのか、どう見習うべきか〉という本を出版した。この本は、『ニューヨーク・タイムズ』紙のベストセラーに入り、双子の兄弟は『オプラ・ウィンフリー・ショー』の出演まで果たした。

沖縄に着いて1週間ほどたったある朝、僕はリスンと子どもたちを浜辺のアクティビティ（手当たり次第に砂を掘ってカニを探すとか）に送ってから南へ引き返し、那覇の沖縄国際大学のなかの沖縄長寿科学研究センターに、ウィルコックス博士を訪ねた。

ハワイアンスタイルのシャツを着た彼は、濃い髪を肩まで伸ばし、肌は日焼けして色つやがよく、自身のプログラムの効果を示すみごとな見本だった。歳はいくつかと、僕は訊いてみた。すると彼は、後ろの方で何か作業をしている学生たちをちらっと見て、わざといわくありげに声を潜めて言った。「46。でも、誰にも言っちゃだめだ」10歳若く見えると言ったら嘘になるかもしれないけど、とても若々しい46歳なのは間違いない。それこそ僕が必要とする希望のすべてじゃないか。

自己紹介をし合ってちょっとしゃべってから、昼ご飯を食べながら話を続けることになった。彼が案内してくれたのは、キャンパスから数百メートルのところにある木造の小さな建物だった。そこで僕らは、伝統的な沖縄料理をいくつか注文して、いよいよ本題に入った。

沖縄の人は、どれくらい健康なのだろうか？「コレステロール値が低く、心臓病にかかる人がどこよりも少なく、酒やたばこはほどほどで、ホモシステイン濃度も最低レベルです――ホモシステイン濃度が高いと、少なくとも10パーセント程度、心臓病死のリスクが高まります」ウィルコック博士は、ゴーヤーチャンプルーをがつがつ頬張りながらそう答えた。ゴーヤーチャンプルーというのはゴーヤー――ぼつぼつがあるキュウリみたいな苦い野菜で、糖尿病患者の血糖値を下げる効果が認められていて、エイズの治療にも用いられている――と他の具材を炒めた沖縄の伝統料理だ。「また、動脈硬化のリスクが低く、沖縄以外では胃がんにかかる人が多いのに、ここでは胃がんの罹患率も低くなっています。脳卒中は昔から日本人に多い病気ですが、沖縄人は塩分をあまり摂りません。乳がんや前立腺がんなど、ホルモン依存性のがんに罹るリスクもわずかです。彼らは、平均で週に3回は魚を食べます。調理には、オリーブオイルよりもさらに健康によい菜種油を使う傾向があります。全粒の穀物や、野菜、大豆食品などもたっぷりと摂ります。そして、豆腐や昆布は、世界の誰よりも多く食べています。コレステロール値や血圧を下げると考えられるタウリンを豊富に含む、イカやタコもたくさん食べています」

僕が、ものすごい勢いでメモを取っているので、ウィルコックス博士は僕に時間を与えようとしてちょっと間を置き、またゴーヤーチャンプルーを口に入れた。ゴーヤーは、京都に滞在していたときに食べてみようとしたことがある。この奇妙で不格好な、キュウリみたいな――メロンみたいと言う人もいる――ものを、スーパーマーケットの野菜コーナーで見つけて買って帰り、いつも子どもたちに食べさせるフルーツや生野菜の午後のおやつにしようと思った。アスガーは、口に入れて恐る恐る噛んだとたんに、僕の手のなかに全部吐き出した。僕もかじってみたが、我慢できないくらい苦くて、受けつけ難い日本の食材のジャンルとして、「いったいどういうつもりだ?」というカテゴリーのなかに入れていた。でも、こうして卵や豚肉と一緒に炒めると苦味は和らいで、料理の脂っこさを抑える働きもしている。

博士がまた口を開いた。「沖縄の人は骨も強いのです。魚をたくさん食べていることと、言うまでもなく、日光をたくさん浴びていることが原因ですが、大豆食品でビタミンDを多く摂っていることも大きな原因です。認知症の発症率も低く、それはギンナン、あるいはサツマイモをたくさん食べることと関係がありそうです」

そうそう、沖縄のサツマイモだ。僕もその前の晩に、ホテルの向かい側にあるレストランで、あの印象的な野菜を食べた。僕らの国では、サツマイモといえば、中身はたいていオレンジをしているのに、沖縄のはとんでもなく深い紫色だ。人工色かと思うくらい強烈なあの色は、自然界では他にほとんど見当たらない。司祭が典礼で被るミトラの色というか、1976年型のモーリス・マリーナの色というか、王子様が履くニッカーズの色というか――とにかくものすごい紫だ。僕には、世界一きれいな色の野菜だと思える。味だって、センセーショナルだ。特に、僕が食べた天ぷらはすごかった――甘すぎず、心地よく華やかな後味がして、食感は軟らかくてクリームみたいだった。やはり沖縄の特産である、サツマイモアイスクリームも食べた。このアイスクリームは、東京で初めてエミと会ったときに教えられて食べていた。そのとき僕は、その場ですぐに、世界一のアイスクリームだと宣言した。沖縄で食べても、やっぱりその考えは変わらない。アイスクリームになると、芋っぽさが消えて花のような甘さが前面に出てくる。リスンもアイスを食べて、僕らは、ふたりのうちどちらが「世界をよりよくするために日本から輸出したいものトップテン」にアイスクリームを入れるかで、バトルになった。

沖縄のサツマイモ――紅芋という――は、1605年に野国《のぐに》総官によって導入された。この奇跡の野菜をもたらして飢饉を救った野国は、以来沖縄の英雄、芋大主として崇められている。「南米原産のサツマイモが中国を経て入ってきてから、沖縄の人は魚とサツマイモばかり食べるようになりました。摂取カロリーの60パーセントをサツマイモで摂っていた時代もあったようです」博士は、熱っぽくそう語った。欧米で流行しているダイエットと違って、何種類もの炭水化物を摂るのは、沖縄の食事の重要なポイントだ。僕がアトキンズダイエットについて質問すると、ウィルコックス博士は大笑いした。「もちろん、アトキンズダイエットだって、最初は体重が落ちますよ。でも、水分も、引き締まった筋肉も失ってしまいます」

「サツマイモには、抗酸化作用とホルモン阻害作用があるフラボノイドが多く含まれています。沖縄人は世界で一番多く、――欧米人の50倍ほど――フラボノイドを摂取しています。サツマイモは、カロテノイド、ビタミンE、繊維質、リコピンも豊富です。リコピンは、カロテノイドのひとつで、前立腺がんを予防する効果があると考えられています」事実、サツマイモ1個には、成人が1日に摂取すべき量の4倍のビタミンA、2分の1のビタミンCが含まれている。最近の研究では、血糖値を安定させ、インスリン抵抗性を低下させることもわかってきた。

　もちろん、沖縄の人の驚くべき長寿の理由は、食べ物だけではない。ウィルコックス博士によれば、彼らが口に「入れない」ものも重要らしい。彼の考えでは、カロリー制限——つまり、食べすぎないこと——が、長生きの鍵になる。「カロリー制限は、霊長類を含むすべての動物で効果を示しています。だから、人間に効果がないとは考えられません。肥満と健康には、さまざまな関連性があります」

「制限って、どんな制限ですか?」僕は尋ねた。何だか、不安げな声になってしまった。「そうですね、１９６０年代のある研究で、当時の沖縄の子どもたちは日本の他の地域の子どもたちと比べて、摂取カロリーが40パーセント少ないことがわかりました。欧米の子どもと比べたらどうなるかは、推して知るべしでしょう。また沖縄では、成人の摂取カロリーも、健康上推奨される通常のレベルと比べて10パーセント少なくなっています。沖縄の人が1日に摂るカロリーの平均は、２７６１キロカロリーです。それに対して、イギリス人は３４１２キロカロリー、アメリカ人は３７７４キロカロリーです。欧米人の方が体格がいいとはいえ、減らす余地はありそうですよね?」

　食べる量を少なくすることは、沖縄の人の精神はもちろんのこと、おそらく遺伝子にも、深く刻み込まれている。台風、病気、貧困、地理的な孤立によって、沖縄の人たちはたび重なる飢饉に耐えてきた。そのおかげで、欧米人からすると非常食程度の量の食事を日常的にするようになったというわけだ。そういう哲学を表す、「腹八分」という言葉――80パーセント満腹になったら食べるのをやめるという意味――まであるくらいだ。

美容業界では、「rinse and repeat」という3語をシャンプーのボトルに書いておけば、どんな広告よりも、プロモーション戦略よりも効果があるといわれるが、「腹八分」という言葉は、健康、美容、ダイエット、エクササイズの各業界を一瞬にして消滅させかねない。それどころか、「腹八分」は、世界中の人の健康状態をすっかり変えてしまいかねない。みんなが自制心を持つことができたらの話だけど。基本は、とても単純な生理学的原理だ――胃の伸展受容器が脳に満腹だと伝えるまでには20分かかるので、80パーセント満腹だと感じたらそのまま20分経過するのを待てば、すっかり満腹だと感じられるはずだ。試してほしい。ちゃんと、そうなるから（食べ放題のビュッフェの後で気分が悪くなって味わう後悔も、これで解決する）。人類の進化の過程で、大勢の人間が食物を過剰に摂取するようになったのは、せいぜい20世紀になってからのことで、僕らの肉体は、もっとずっと少ない量の食事にまだ順応できる。

「腹八分」が僕の人生に革命をもたらし、25キログラムの減量を成功させてくれるといいのに。そうならないとしたら、それはきっと、僕の貪欲な伸展受容器がいつも胃袋のキャパシティーを無視するうえに、家の向かい側にものすごくおいしいケーキ屋があるからだ。でも本当は、日頃から「腹八分」を実行するくらいのちょっとした自制心は、誰だって持ち合わせているはずだと僕は思う。

世の中に流行する他の食事法はどうなのだろうか。ここ10年ほど、欧米人は地中海式の食生活こそ最高だと洗脳されてきた。「それも同じくいいやり方です」ウィルコックス博士はそう言った。「たとえば、サルデーニャ島の人は長寿の傾向があります。でもやはり、乳製品は多すぎるでしょうね」

ふたり以上の人間が寄り集まって、日本人はどんなに健康かということが話題になると、たいてい誰かが、日本人は骨粗しょう症にかかる割合が欧米人と比べて圧倒的に多く、「それは、彼らはあまり乳製品を摂らないのでカルシウムが不足しているからだ」と断言する（散歩中に白鳥を見かけたら、誰かが必ず「白鳥にぶたれると骨折することだってあるんだ」と物知り顔で言うのと同じようなものだ）。でたらめだ。「実は、日本人が骨粗しょう症にかかる率は低いのです」博士はそう教えてくれた。「日本人は充分に運動をして、ビタミンDをたっぷり摂っていますから。問題なのは喫煙で、肺がんは増加傾向にあります。困ったことに、がんが現れるまでには20〜30年かかります。今から20〜30年前、つまり1980年代には、日本人男性の80パーセントは喫煙していました」

ウィルコックス兄弟と鈴木博士は、著書のなかで脂質についてもさまざまなことを論じている。ほとんどが、否定的な内容だ。「脂質から得るカロリーは10パーセント以下にすべきですが、少量の豚肉は良質のタンパク源となります」ウィルコックス博士はそう言った。沖縄の人が昔からよく食べている肉は、何の肉か？　そう、豚肉だ。沖縄は豚肉料理でも有名で、「豚は、鳴き声以外は捨てるところがない」といわれている。

沖縄では、身体にあまりよくないとされるものにも、よい効果がある。たとえば、有名な黒糖がそうだ。黒糖というのは、黒っぽくて、見てくれの悪い甘蔗糖だが、糖蜜やマスコバド糖（フィリピンの伝統的な黒砂糖）みたいにすばらしく濃厚な味わいがある。「確かに、沖縄の砂糖は加工も精白もされていませんから、他の砂糖よりもずっといいといえます。鉄分も多く含まれています。しかし、塩分と同じで、できるだけ避けるに越したことはありません」

沖縄の人の長寿の原因は、他にもある。戦後の進歩した医療がようやく沖縄まで行きわたったのが、戦争に耐え抜いた人々——すなわち、最も回復力のある世代——が中年にさしかかった頃だった。彼らは、引き続き沖縄の伝統食を食べており、そこに現代医療が組み合わさって、戦争を経験した人たちが１００歳を超える長寿を達成していることがわかっている。

沖縄の人は世界で最もストレスが少ないように見えるが、ウィルコックス博士によれば、そのことも長寿の要因のひとつだ。たとえば、沖縄人は時計にあまり支配されない時間の観念を持っているので、時間厳守の習慣がない。また、「ゆいまーる」という地域の相互扶助制度も、彼らの長寿に大きな役割を果たしている。「模合《もあい》」という助け合いの金融システムはそういう相互扶助のひとつで、10人ほどの仲間が集まって一定の少額を出し合い、それをくじで順番に借りたり、希望者が使ったりする。さらに、沖縄の医療システムには、伝統的な医療やユタという霊能力者による癒しも取り入れられていて、太極拳も広く普及している。おもしろいのは、沖縄の女性がとりわけ長寿である理由のひとつが、強い信仰心だということだ――神を認めない異教徒の僕なんかと違って、彼女たちは、大きな安心感と充実感を与えてくれるという崇高なる力を信じている。

そう、「引退」という言葉も沖縄にはない。ウィルコックス博士のチームが調査した100歳以上の人の多くが、フルタイムの仕事ではないにしても現役のままで、少なくとも庭仕事をしたり、野菜を育てたりする程度はこなし、なかにはパートタイムで働いている人もいた。欧米では、国民が長生きすれば公的医療費のお荷物が増えるという懸念、というか怒りが増しているが、沖縄の100歳以上の人たちはお荷物どころか成長材料だ。

103歳以上の高齢者が自宅で暮らすのは、沖縄ではあたり前だ。ウィルコックス博士は、研究対象とした100歳以上の人々について、「若々しい輝き」があり、「くっきりとした聡明な目をしていて、頭の回転が速く、さまざまなことに情熱を持っている」と記している。彼らは「時間に追われず」、自信を持ち、自立していて、楽観的でのんびりしており、一方で頑固でもあるのだ。

「えっと……その、あれはどうなんですか?」僕は、思わせぶりに尋ねた。「何? 彼らの性生活?」博士はそう言って笑った。「そうか、それは興味深い研究になりそうだ。沖縄の100歳以上の人は、性ホルモンの分泌量がとても多いことがわかっていますし、欧米には性生活に積極的な百寿者《センテナリアン》がいることもわかっています。だとすれば、この問題を避けて通るわけにはいかないでしょうね」

残念ながら、沖縄の人が長寿である時代は終わりを告げそうだと博士は言った。次の世代の人たちの寿命は、80歳を大きく上回りはしないというのだ。アメリカのファストフードになじみ、糖分たっぷりの食べ物を好んだ結果——肉類だって、沖縄の若者は、両親の世代の倍ほど食べている——50歳以下の沖縄人の肥満の割合は日本国内では最高だ。ということは、心臓病にかかる人の割合も高くなり、早死にする人も多くなる。かつて日本一痩せていた沖縄の人は、この数十年で、日本で一番BMI〈肥満度指数〉が高い集団になってしまった。肺がんの罹患率も上昇している。そのうち、愛知が沖縄を凌いで、超長寿の県になるだろう。

レストランのオーナーが、ディナーの準備で店を片づけ始めた。僕はもうひとつだけ、最後にどうしても聞いておきたい大事な質問があった。

「実は友人が、僕じゃないですよ、友人が、髪が薄くなって困っているんです。日本の男性は、いつまでも髪の毛があるように見えてしかたないんですが、どんな秘密があるんでしょう？　海藻ですか？」僕はそう尋ねた。

僕は初めから、博士の頭にはウェーブのかかったつやつやの茶色の髪がたっぷりとあることが気になっていた。彼は、大笑いしながら答えた。「そうですね、彼らは昆布やエゴマが髪の毛にいいと言いますが、『お友達』には、あくまでこれは民間伝承で、科学的に証明されているわけではないと教えてあげてくださいよ」ならば、髪の毛は諦めて、永遠の命でがまんするしかなさそうだ。

海岸沿いの道を運転して戻る途中、レーザーワイヤーで囲われた巨大な米軍基地を通り過ぎながら、僕は今しがたの会話を思い返していた。ウィルコックス博士は、沖縄の高齢者が健康なのは、つきつめれば、4つの要因――食事、運動、心を満たす信仰があること、友情や社会支援システムなどの社会心理的要素――のバランスが取れているからだと言っていた。厭世的で無神論者の僕には、社会心理的な要素や信仰は望むべくもないが、ジャスミンティーを飲むように心がけることは約束できる（それまで、お茶を味わって飲んだことなんてなかったから、これは人生の一大決心だ）。ジャスミンティーは、緑茶よりもコレステロールを下げる効果が高いと、ウィルコックス博士は断言していた。そして、これからは魚と野菜をたくさん食べるようにする。博士は、沖縄の人に倣って、ウコンのサプリメントを毎日飲んでいる。ウコンは、がんと胆石を予防すると考えられているからだ。

最近では、「長寿製品」として、沖縄特産の黒糖やシークヮーサー（抗発がん性があると考えられている）、海塩などの人気が高まり、本土の都市部でも販売されるようになった。ロンドンやニューヨークのおしゃれな店先に並ぶのも時間の問題だろう。

「食物連鎖のできるだけ下位のものを食べるべきだ」と、ウィルコックス博士は著書で述べている。狩猟採集民族というという考え方は、誤解を招く恐れがあるとも彼は言う。人間の食生活では、常に、採集で得た農産物が狩猟で得た食糧よりもはるかに多い。彼は、欧米人は必要以上にタンパク質を摂りすぎで、実際には1日にトランプ2組程度の量——100グラムぐらい——で充分なのだとも話していた。

これからは、タンパク質をたくさん摂っていると身体が錯覚するように、グルタミン酸ナトリウムを少し食事に加えていこう。豆腐も、もちろん、もっと食べるようにする。海藻も絶対に重要だ。沖縄の人は、日本で一番多く昆布を食べている。だけど、大切なのは本物を食べるということだ。乾燥させたものならいいけれど、サプリメントではお話にならないんじゃないかな。

20 究極の料理店——東京6

沖縄から飛行機に乗り、再び東京に来た。服部幸應氏が日本一と言っていた**壬生**で食事をする約束にちょうど間に合う。

前にも書いたが、壬生というのは、かのジョエル・ロブションを泣かせ、フェラン・アドリアを感服させた料理屋で、日本語でいえば、いわゆる「一見さんお断り」の店だ。服部氏は、毎月1回の来店が許されていて、7人までなら誰かを同伴できる。そこで、今回は僕もそのなかのひとりとして、おともできることになっていた。

飛行機の窓から、雪の帽子をかぶった富士山がまた見えて、ゆっくりと後ろへ去っていったが、僕の心は晴れているとは言い難かった。不安で押しつぶされそうだったのだ。リスンはきっと、それが僕のデフォルト設定だなんていうだろうが、心配が先に立って僕の頭はものすごい混乱状態にあった。僕は何を求められているのか？　あのリッチでパワフルで影響力を持つ人物が、何だってこの僕を特別に招待してくれたのか？　料理は、話に聞いた通りのものなのか？　もしそうだとして、僕にそれがわかるのか？　壬生はホームページもない。どんなところなのか、何を着ていけばいいのか、どう振る舞えばいいのか、まるでわからなかった。支払いは僕がすべきなのか？　少なくとも、支払うと言うべきなのか？　そんなことを言ったら気を悪くさせるのか？　一緒に行く人は他にもいるのか？　間抜けな無作法をしでかして恥をかく可能性はどれくらいあるのか？

一緒に招待を受けていたエミは、夕方に銀座で落ち合うと、さかんに僕をなだめてくれた。銀座は、東京のなかでも豪華で贅沢な食事やナイトライフを楽しむ地域だ。世界屈指の高級レストランもいくつかある。１９８０年代、日本がなりふり構わず経済成長を謳歌していた頃、銀座へ来れば、裸の女性のお腹に載った金の葉で巻いた鮨を食べることができたらしいし、日本のサラリーマンの平均年収ほどもする貴重なシングルモルトを味わうこともできたらしい。銀座には、20世紀の初めにイギリス人の設計で整備された煉瓦街や街路樹が美しい道があり、現在も、小さな国々とは比べものにならないくらい大きな富を生み、世界一の小売りの街だと自負している。

エミは、すでに服部氏の秘書に電話を入れていて、支払いは服部氏がすること、僕らの他にフードライターがふたり、服部栄養専門学校のシェフが3人一緒であることを聞かされていた。

6時半に、銀座の待ち合わせ場所として一番有名なソニービル前に行くと、服部氏はもう到着していた。いつもの黒いシルクのマオジャケットに縁なし眼鏡をかけ、ダークスーツにネクタイ姿の男性3人――シェフ――と細身のスカートに白いシャツという通勤着姿の女性ふたり――フードライター――を従えていた。お互いに紹介し合いながら、軽くおしゃべりをした。

服部氏は先頭に立って脇道へ入っていき、角を曲がって、表に棒型の蛍光灯に照らされた階段がある、名もないビルの前で立ち止まった。料理屋というよりは駐車場のビルみたいだったが、彼に従い、踊り場を通り抜けて2階まで上がった。

店の入り口で出迎えてくれたのは、おかみさんだった。60代後半の貫録のある女性で、見るからに高価そうな黒っぽい着物をまとい、つややかな黒髪をぽっちゃりした丸顔の上に結い上げていた。壬生には、照明を落とした窓のない小部屋がひとつあるだけで、毎晩、メンバーとそのゲストだけがそこで食事をする。玄関から入るとき、敷石に水が打ってあるのに気づいた——もてなしの心を表す、日本の習わしだ。客間は檜の柱と白っぽい土壁でできていた。檜は、日本の材木のなかでは、天皇の棺に使われるほど贅沢で値が張る。だが、壬生のその部屋は、華美でもなければ仰々しくもなかった。とてもシンプルで、掛け軸と花瓶だけという禅のスタイルの装飾だ——だけど、掛け軸も花瓶も値がつけられないほど高価だと、後からわかった。

畳敷きの床に座るのではなく、椅子とテーブルだったので、ちょっとほっとした。しかもテーブルの表面には畳が貼ってあった。僕の席は服部氏の向かい側で、エミは彼の左隣、フードライターたちは僕の右側。熱心にメモを取り、写真を撮影して、最後までほとんど口を利かなかったシェフたちは僕の左側に座った。

料理長の石田廣義氏がこの壬生を開いてからもう30年以上になると、おかみさんは、特別に長い注ぎ口のある器から酒を注ぎながら説明した。その、わざと高いところから注ぐ方法は、ウーゾ〔ギリシア、キプロスで生産される蒸留酒〕を連想させる。「これは、昔のやり方です」彼女はそう話した。「毒を盛られる危険があった時代には、こうやって注ぐと酸素に触れて酒の酸が抑えられ、危険が少なくなると考えられたのですよ」その器は、100万円はしそうな代物に見えた。次におかみさんは、壁の掛け軸の説明を始めた。踊り子の絵だった。「70年前のものです。とぎれのない一本線で描かれているでしょう」こんなに純粋な作品を生み出すまでに費やされた何十年という時間を、僕はふと想像した。「芸術は力を与えてくれます」おかみさんは、ひとり言のように静かにつぶやいて、部屋を出ていった。

やがて最初の料理を運んできたおかみさんは、今度はその部屋を飾っているもうひとつのもの、花について説明してくれた。その日の花は秋祭りの時期を代表する花、ハマギクで、「國の祝」がその夜の食事のお題だった。

ひと品目の料理は、扇型のイチョウの葉を浮かべた透き通ったただし汁だ。葉っぱの下には、ぎんなんのフリッター――もっちりして、木の実の風味があって、苦い――と、湯通ししたぬめりのあるハゼがあった。上品で、わくわくさせられるスタートだ。「葉っぱも召し上がってくださいよ」石田氏の奥さんは、そうアドバイスした。「ビタミンたっぷりで、認知症の予防になりますから」「料理長は、季節を本当によくわかっていらっしゃる」服部氏がそう言った。「私は年に12回、16

年間こちらへ伺っていますが、伺うたびにその日が何月であるかを改めて思い起こします。食べ物は旬の時期に味わってこそ、その瞬間を楽しめるのです。その日その日の新鮮な素材を食べるべきです」

おかみさんが焼きアユを運んできた。夏から秋にかけて食べられる川魚だ。「酒とよく合いますよ。肝の苦味がいいんです」服部氏が言った。

訓練した鵜を使う漁で有名なアユは、内臓も一緒にまるごと焼かれ、コーン型に巻いた紙のなかに入っていた。おかみさんが、尾びれをつまんで外し、背骨をきれいに抜いてから身を食べる方法を教えてくれた。

「これは落ちアユといってね、今の時期に川を下っていく太った子持ちのアユなんですよ。産卵を終えると死んでしまいます。漁師は昼夜祈りをささげて、アユが滋養になるよう願います。ですから、私たちは、感謝してアユをいただくのです」

塩が効いて脂ののった身は、冷たい酒との相性がとてもよく、いい気分で楽しんだ味わいの後に残る内臓の苦みは、自分の味覚に対する楽しいチャレンジだった。辻静雄は、アユについてこう記している。「日本料理の焼き物のひとかけらの抵抗であり、苦味を楽しむという、日本では数少ない料理のひとつです」欧米では5つの基本味のなかの苦みはほとんど使われないが、日本料理の苦味は興味深い要素だ。ぎんなんにも、苦いあと味があり、それが歯ごたえのあるおもしろ味のない食感に味わいをもたらしている。

「皆さん、少し温まってこられたみたいね」刺身の皿を運んできたおかみさんがそう言った。皿には、紫と赤のグラデーションに輝くカツオの刺身が載っていて、その手前の細かく砕いた氷の上にはハゼの刺身が盛られていた。これまで食べたなかで、最高の刺身だろう。間違いなくそうだ。それは、一度も冷凍されたことがない、本物の活カツオだった。それまでに食べたカツオやマグロは身が着色されている場合も多く、肉質が低下して崩れそうなほど柔らかくなっていることも珍しくなかったが、このカツオは噛むのに努力が必要だった。歯ごたえと風味が存分にあったのだ。

次に現れたのは、ナスだった。おかみさんが言うには、料理人は一般にシーズンの終わりの果物や野菜は、盛りを過ぎているからと使わないものだそうだが、「壬生」の料理長は、終わりがけに収穫したものにはうまみが詰まっていると知ったらしい。実際、石田氏は、他の料理人なら捨ててしまうような野菜を使う。たとえば、その日の料理に使われていたナスは旬の「名残」の時期のものだった（旬の初めは「走り」、出盛りの頃は「盛り」という）。

「こちらでは、野菜の命を最後までたっぷりと楽しんで、大切にしています。それが、私たちの料理の主義なのです。野菜はみんな、1年のうち3ヵ月か4ヵ月しかお目にかかれなくて、その後は姿を消してしまいます。いつでもまた食べられるというわけではありません。ですから、旬が完全に終わるまで愛でていただくのです」

ナスは、柔らかく実がほぐれ、つるつるしてつかみにくかった。でも、僕は、これほど味が凝縮されたナスを食べたのは初めてだった。ナスというのはたいてい水っぽくて、調理すると、スポンジのように油分やその他の風味を吸い取ってしまう。ところが、このときのナスは、おそらく軽く蒸してあったのだろうが、ただ風味が残っているという程度にとどまらず、風味がぎっしりと詰まっていたのだ。そして、ナスのそばには、ビー玉ぐらいのサイズの小さくて柔らかなヤマノイモが添えてあった。

そこまでの料理でさえ、僕にはどれも魅力的で、美味で、さまざまなことに気づかせてもらったが、次の料理に至っては、もうすべてを超越してしまうほどすごかった。それは、黄色い菊の花びらを散らしただし汁のなかに入ったハモだった。

ふわっと湯気の立つだし汁をひと口すすってみると――葛でとろみがつけてあるが、欧米の料理でとろみをつけるときに使う小麦粉、バター、コーンスターチなどと違って、余計な風味が加わらない――喜びで本当に体が震えた。僕のその反応を見ていた服部氏は、にっこりして満足げにうなずいた。

「どうですか。あなたに、どうしても本物のだしを味わってほしかったんですよ」彼はそう言った。

「先日、私が話したことがわかったでしょう。これが日本で一番のだしですよ。普通、料理屋では午前中にだしを準備しておくものですが、ここでは、そのとき、そのときにだしを取ります。鰹節も、直前に削るのです。だしの香りはすぐに消えてしまうので、普通の店ではほんのかすかに香りが感じられるだけですが、このだしには存分に風味が詰まっています」

喜びで体が震えてしまったのは僕にも予想外で、最後には、身体中の毛という毛が逆立った。まるで、僕自身も知らない味覚受容体が身体のなかにあって、おいしいものを口にすると喜びとして感じ取ることを料理長が知っていたみたいだ。味わいを言葉で表現するのは難しい。言葉で味を連想してもらおうとしても、たいていうまくいかない――建築について語るのと同じだ――でも、このだし汁は深いこくがあり、病みつきになるほどうまい風味を土台としていて、そのうえで、かすかな磯の香りがふっと鼻を突く。どこまでが味でどこからが香りかを区別するのは不可能で、僕が思うに、それこそがこのだし汁、というかすべてのうまいだし汁の力強さの源なのだ。このだし汁をもう一度味わえるなら、すべてを差し出してもいい。

「石田さんは、今日の午後この料理を考えたんですよ。この10年間、私はここで、一度たりとも同じ料理を食べていません。1500品ほどになりますが、全部違うのです」服部氏がそう話した。

「だけど、でも……」僕は言葉に詰まったが、納得がいかなかった。「それは信じられません。この料理は、いつも作られているんじゃないですか。長年工夫されてきたはずです。あまりにもおいしいですよ」

「フェラン・アドリアも、ここで食事をしたときに同じことを言いましたよ」服部氏は勝ち誇ったように言った。「彼は、石田さんの料理はずっと昔からあったはずだと言いました。本当に日本料理の核心、基本を体験したいのなら、この店です。たいていの料理は、素材が持つ風味を殺してしまいますが、石田さんはうまく生かしています」

日本料理の通例で、ご飯が出てくるのはおいしい食事が終わるという合図だ。でも、この日のご飯は、よくあるような、最後にお腹を満たすために茶碗に盛った白米ではなかった。絶妙に柔らかくて温かいもち米に、丹波産の栗が乗っかっていたのだ。

デザートは群馬産の紅玉リンゴで、聖体拝領用のパンみたいに軽く、薄くスライスして、調理してあった。おかみさんによれば、そのリンゴが盛りつけられている銀器はすごく貴重なもので、リンゴの果汁を一滴たりとも漏らさずにパーフェクトに湛えてくれるのは、その器しかないそうだ。器にちりばめられているのは、スワロフスキーのクリスタルガラスらしかった。「最高のデザートだ」服部氏が言った。

そのデザートを運んできたのは、石田氏本人だった。小柄で背筋の伸びた、がっしりした人で、白いジャケット風の調理服を着て黒っぽいズボンをはき、髪は完全に剃られ、とても優しそうな顔――穏やかなおじいさんのような顔をしていた。

僕が握手をしようと立ち上がると、彼は座ったままでいいと笑顔でジェスチャーをした。どんなところからインスピレーションを得るのかと、僕は訊いた。「難しいですね。ですが、毎月毎月、今よりも上手くなろうと思っています」彼はそう答えた。

「この人の競争相手は自分自身なんですよ」服部氏が言った。「こういう料理を作れる人は、他にいませんからね」

材料はどこで手に入れるのだろう、築地だろうか？「もちろん、築地へ行くこともありますが、たいていは、生産者、漁師さんと直接取引しています」

ヨーロッパやアメリカの一流シェフ——たとえば、アラン・デュカスやトーマス・ケラー——のレストランで食事をすると、シェフの性格や自我がそのまま料理に表れている。また、ノブやアイヴィーといった店なら、雰囲気や内装、スタッフの至れり尽くせりのサービス、有名人の来店などを目当てに出かける場合もある。さらには、ニューヨークにあるアンソニー・ボーディンのレ・アール、世界各地のゴードン・ラムゼイのレストランなど、超有名シェフの店もたくさんある。でも、正直にいって、僕は、そういう店に行く人の気がしれない。当の有名シェフはキッチンで仕事をしているのであって、フォードのフィエスタを買ってもフォード家の人と知り合いになれないのと同じで、シェフと仲よくなれるわけじゃない。

壬生は、そういったレストランとはまたひと味違う。いわゆるレストランという言葉には当てはまらないといってもいい。凝った内装を楽しみに行くわけでもなく、有名店だから行ってみるとか、有名人に会えるから行くというわけでもない。しいていえば、語らいのために、料理が自然について、味について、食感について、あるいは客自身について教えてくれる声を聴きにいくのだ。壬生の食事は、啓示的体験であり、歴史の喚起であり、哲学であり、生と創造と死と自然の底深い奥義であり、言葉のうえでも、自然という意味においても基本だ。そして僕は、壬生の料理の意味と考え方について、どうみても2割程度しかわかっていない。

「うちのお客様は、芸術家のパトロンみたいなものですよ」おかみさんは、僕にそう言った。「うちの料理は、お金を出せば食べられるというものではないの。神様がこの機会を楽しむ時間を与えてくださっても、能力がなければ楽しめないのよ。能力はお金では買えませんよね」

食道楽の僕にとって、すさまじい衝撃だった。絶対に旬の素材しか使わない——それが石田さんが決して曲げない主義だ。素材そのものを反映した混じり気のない味は、ほのかでありながら、ここぞという部分だけが際立っている。ひとつの料理のなかに、異なる風味と異なる強さの味が、重なり合って存在しているように感じるが、そのひとつひとつは、明確に区別がつく。ロンドンやパリ、あるいはニューヨークの、流行りの店のシェフが、自分の料理は「季節感があって、新鮮で、風土を生かしていて、シンプルだ」などと言うのを、どれほど聞いたことか。何かというと、泡にしたり、ゼラチンを使ったり、真空調理だったり、ピューレにしたり、タワー上に積み上げてみたり、リング型に詰め込んでみたり、ソースに至っては、ある批評家の印象深い言葉を借りれば、「ピンヒールを履いた人が、ガチョウの糞を踏んで滑ったみたい」に皿に塗りつけてある。僕も、大きなことは言えない。そういうたぐいの料理を作るトレーニングに1年を費やし、その後は、パリにあるミシュランガイドのふたつ星レストランの調理場で、そういう料理の正しい位置にチャービルや、煮つめたソースや、へんな姿にした野菜を飾りつけて客にサーブしていたのだから。だけど、今の僕ははるかに進歩した。壬生の盛りつけは上品だが、技巧や細かな手間はまったく施されていない。ただ、料理があるべきところに「到着している」だけのように見える。

そこへいくと、数日前の晩にマンダリンオリエンタル東京の38階で食べた料理は、壬生とは正反対だった。その**タパス モラキュラーバー**は、東京でもひときわ人気の高い店で、店内には8席のカウンターしかない。そして、日系アメリカ人のシェフ、ジェフ・ラムジーが提供してくれるのは、料理でもあり手品でもある。オイルをドライアイスに注いで作るオリーブオイルのグラニタ、分解された味噌汁、果汁を塩化カルシウム溶液に垂らして軟らかな小球体を作るというエル・ブジの最高傑作の手法を用いた、ニンジンのキャビアなどが味わえる。まさに、壬生とは対極にある料理だ——もとの素材は完全に姿を変えられ、それが何かわからなくなっている。この手の料理は素材を「いじりすぎ」だと退ける人もいて、ラムジースタイルの料理はある種の堕落だとみなしたがる向きもあるが、個人的には、僕はどちらの料理法も大きな可能性があると思うし、何といっても、いわゆるモラキュラー・キュイジーヌの創意と演出を目の当たりにすれば、どうしてもわくわくしてしまう。この料理には、少なくとも「シンプル」とか「純粋」という形容は当てはまらない。絶対に忘れられないのが、アフリカ産のオリーブのような小さな実、「ミラクルフルーツ」で、それを少しかじった後は、生のレモンの強烈な酸味が甘く感じられた。

一方、壬生の料理には、心に訴えかけてくるものがある。あのような、楽しく食欲をそそられる宴でなければ、憂鬱にも感じかねないほどの哀愁に満ちている。壬生の料理は、目を楽しませ、味わいを通じて脳を喜ばせ、本能にさまざまな訴えをする。石田さんは、心と魂で料理をしている。彼と彼の料理は一体となっているのだ。あの日の晩に彼が僕らのために創り出した料理は――同じものを再現することなど不可能で――彼の人生経験と、日本文化への深い理解から生まれた。彼ほど日本文化に造詣が深い日本人の料理人はごく少数で、今後このような料理人が育つ可能性はもっと少ない。その晩の料理は全部で10品ほどだったが、終わる頃には、満腹でも空腹でもなく、このうえなく幸せな満足感に包まれていた。「2品程度ならこの水準の料理を出す店はありますが、コースの料理がすべて高い水準にあるのはここだけです」と、服部氏も言った。

店を出るとき、リンゴのデザートと、フォイルに包んだ刺身と、ジップロックに入った石田氏自ら削った鰹節がみんなに渡された――その日の料理の残り物で、彼の基準に照らせば、もう新鮮とはいえないものだ。

玄関で、僕はおかみさんに石田氏の年齢を尋ねた。

「65です」と、彼女は答えた。

「ええっ、では、まだまだ何年も料理を作れますね」僕はそう言った。

「いいえ」おかみさんの返事は小声だったので、石田氏には聞こえなかったはずだ。「あの人は、料理で命を縮めています」

この原稿を書いている今、つい先月のその晩のことを何度も思い返すうちに、壬生で得たものの姿がはっきりと見えてきた。本物の偉大な料理人になるには、つまり専門に秀で、同業者を凌駕し、単なる食事にはとどまらないものを生み出すには、何にもまして謙虚さを身につけるべきではないのか。自分の技術に対して謙虚であれば、常に学ぶ姿勢を忘れず、新しい手法や素材を素直に取り入れられる。また、同業者に対して謙虚であれば、現状に甘んじることもない。そして、何よりも大切なのは、料理に対して、素材に対して謙虚になることだろう。なぜなら、農産物がなければ、果実、魚、肉、野菜がなければ、料理人はただの人でしかないからだ。石田氏は、農産物に最大の敬意を払って使い、素材自体の風味が純粋に素朴に振動するようにしている。僕も長年そういうものを目指してはきたけれど、実際には試みてさえいないというのが現実だ。謙虚になることと同じで、そういう素朴さは、料理人にとってたいへんな勇気が必要になるからだ。イラクで死に直面している人たちや、アフリカの地雷で死と隣り合わせにいる人たちを思うと、調理場で勇気という言葉を使うのは大げさかもしれない。だけど、蒸したナスをそのままで、自分の最高の料理として出すのは、相当の覚悟が必要だ。

その数週間後、ミシュラン社が出版した初の東京のガイドは、日本とフランスの首都において、華々しい歓迎と激しい怒りという好対照の反響を招いた――東京が獲得した星の数は、パリの2倍ほどあったからだ。「壬生」の名前は、どこにもなかった。調査員の評価は受けないと辞退した店のなかにも、入っていなかった。

あの店は、本当に存在したのだろうかと思えてくる。

エピローグ

日本料理は見かけによらず単純で、大切な素材はふたつしかありません。昆布や鰹節で取るだしと、大豆で作る醤油です。

辻静雄『Japanese Cooking : A Simple Art』

この文章のキーワードは「見かけによらず」だと思う。なぜって、日本料理は決して単純じゃないからだ。一度の旅で日本料理について知るべきことをすべて理解できるとは、もちろんこれっぽっちも思っていなかったけれど――あれほどあちこち動き回って食べまくった旅行でも――それにしても、日本料理にはこんなにも、目がくらむほどの多面性があって、地域性が豊かで、ときと場合によっては面食らうということまでは予想していなかった。

成田を発つ前の日に、僕らはついに最後まで残っていた必ずやり遂げたい目的を果たした。白子――タラの精巣（絶対にオススメ）とチキンの刺身（これも、心のハードルさえ超えてしまえば、なかなかいける）を食べたのだ。しかもエミルは、その日、魚の目を全部おいしそうに平らげて、そのことを本に書いてほしいと言った。でも、それでも、食べたいと思いながら食べられなかったものはあまりにも多く、訪ねてみたいと思いながら時間がなくて行けなかった街は多く、何といっても味わってみたいのに味わえなかった「季節」の食べ物はあまりにも多い。日本料理のほんの一面を知るだけでも、生涯をかけて研究する必要がありそうだ——友人になったラーメン王の小林氏のように、あるいは、だし汁にこだわる村田氏のように。そこまでしても、僕なりにこれだと思えるレシピはわからないかもしれないし、技術も完成しないかもしれない。

すべてを修得したいと思ったこと自体が、そもそも高望みだった。

トシには、パリに戻ってから最初に会ったときに、そういうことを全部認めた。僕は、それでトシのとげとげしい気持ちが少し和らぐのではないか、僕が日本びいきになったことで彼のけんか腰の態度がちょっと軟化するのじゃないかと思っていた。だけどトシは、「どうせそんなところだろうよ、ばか」とでも言いたげに、仏頂面で肩をすくめただけだった。

「じゃあ、もう、魚を長時間火にかけたりしないだろうな?」

「ああ、トシ、しないよ」

「野菜にクリームやバターも、もうなしだな?」

「そうするよ、トシ」

「もうひとつある。覚えとけ。『ごちそうさまでした』って言うんだ」
僕はおうむ返しに言ってみた。「ごちそうさまでした。それ、何だい？　白人には料理ができないっていう意味？」
「仏教から生まれた言葉で、食べ物を収穫する人や料理をしてくれる人に感謝するという意味だ。今度から、食事のたびに言えよ」

最近では、毎朝ジャスミンティーを飲むようにしているし、ウィルコックス博士のアドバイスに従って、ウコンのサプリメントも飲んでいる。友人を招いては、外側をご飯で巻いた巻きずしを作って喜ばせ——もう、けっこう上手くなった——あらゆるものにポン酢や味噌をぶっかけている。豆腐、味噌汁を食べ、今までよりも魚を増やして肉を減らし、野菜を増やして乳製品を減らし、おかげで今では体調もいいし、体重も5キログラム落ちた。乾燥させた鰹の身の塊は、削る道具がないので冷蔵庫の奥で眠らせたままだが、分別のない連中がスタンレーのナイフで削ろうなんて身の程知らずなことをしたものだから、刃型がついている。

旅行中のノートを読み返していて、きちんと説明しておいた方がいいことがあるのに、ふと気づいた。もしかしたら、僕は子どもたちをリスンに押しつけて放ったらかし、自分だけがおいしいものを食べようと飛び回っていたみたいに思われているかもしれないが、いつもそうだったわけじゃない。それに、旅が終わる頃には、リスンも僕と同じように日本のとりこになっていて、それが僕には嬉しかった。今では、ふたりで口癖のように、できれば来週また日本に行きたいと言い合っているくらいだ。

子どもたちはどうかって？ ふたりは今でも、毎週のように天ぷらと鮨をうるさく要求する。ついこの間、アスガーのクラスで給食に鮨が出た。クラスメートたちは誰ひとりとして鮨に触ろうともしなかったが、どうやら息子は、1時間ほどかけてテーブルを回り、残っていた鮨を猛烈な勢いで平らげてしまったようだ。エミルの方は、沖縄でヘビのスープを食べたことが旅の自慢話だ。魚の目玉を丸ごと食べたことも外せない。それに、沖縄の浜辺で見つけたカメの死骸のことも、いつも楽しそうに話している。初めてラーメンを食べた札幌のラーメン屋さんで教えてもらった「トンボ」という言葉も覚えている。アスガーは、いまだに相撲取りを倒したときの話をするし、初めて抱いたキングクラブのサイズをちょっとばかり誇張して言う。

旅の写真をしょっちゅう見てはいるけど、残念ながら、やはり時間がたてば息子たちの日本の記憶は薄れていくだろう。せめて、たとえ潜在意識のなかだけでも、自国での日常を超えたところに可能性の世界があることに、ふたりが目を向けていてほしいと心から願っている。息子たちは、多様性のある世界の色鮮やかな断片を体験した。日本への旅は、息子たちが一緒でなければ、そしてもちろんリスンが一緒でなければ、考えられなかった。彼女の目を通して見る世界は、いつも魅力的だ。子どもたちが一緒だったおかげで、さらに多くの扉が開かれ、多くの人に出会い、普段なら見過ごせないほどひどいふたりの振る舞いにもかなり寛大になれた。

日本はこれからも消えてなくなりはしないから、僕らはまたいつか訪ねて、もう一度日本の食べ物に畏敬の念を抱こうと思う。日本へ行って何よりも安心したのは、辻静雄が恐れていたような、日本料理の伝統が消滅しかけているというようすはほとんど感じられなかったということだ。もちろん日本料理は日々変化を遂げているが、僕には、辻さんが変化を求めていなかったとは思えない。欧米風の食事が歓迎されていることに対する懸念は今も大きいし、そうした食事に伴って、欧米人が直面しているさまざまな健康問題が日本人にも降りかかっているが、むしろ麹法で醤油を作っているかめびし屋の岡田佳代子氏、服部幸應氏、強烈なにおいの味噌を作っているトニー・フレンリー氏、身体にいい塩を作っている高安正勝氏、そして辻静雄の息子、芳樹氏や革新的な料理人村田吉弘氏らがいる限り、日本料理は情熱と能力のある人々の手にゆだねられ、伝統も将来も安泰だと思う。

訳者あとがき

トラベルジャーナリストである著者、マイケル・ブース氏が成田空港に降り立ったのは、8月の終わり――お盆がすぎたとはいえ、まだ残暑の厳しい時期です。マイケル、マイケルの妻リスン、息子のアスガー、エミルという家族4人による、食べ歩きプラス日本文化探訪の3ヵ月にわたる旅がそこから始まります。

もしもマイケルがひとりだけで日本を訪ねていたら、おそらくただのビジネスとして日本を眺め、計画通りに移動しておいしいものを食べ、取材対象として大勢の人と会い、ひとつずつ着々とスケジュールをこなして、あっさりとイギリスへ帰ってしまったかもしれません。だとしたら、彼が書く日本と日本料理に関する著作が、これほどまでに温かく味わいのある作品になったかどうかは疑わしい限りです。

力士が稽古する姿を美しいと言って見とれるリスン、把瑠都との「勝負」に勝ってしまって驚くアスガー、最初は日本をイマイチ気に入っていなかったにもかかわらず鶏の軟骨や魚の目をおいしそうに平らげたエミル……随所に描かれている家族の目を通して観察した日本は、実にほのぼのとしていてリアリティーがあり、単なる取材目的の目で見た日本とは大きな違いがあるはずです。つまりこの本は、食の本でありながらブース一家の日本珍道中記でもあり、ご本人もところどころに告白していますが、家族の存在がなければ、日本及び日本の食べ物について、これほどまでに深く洞察することはできなかっただろうと思えるのです。

しかし、日本料理、日本文化、とひと口にいうものの、日本で生活する私たちは、そういうものを必ずしも日々実感しているわけではありません。

たとえば、だし汁といえば昆布、鰹節、煮干しなどをすぐに連想はしても、毎日そのような材料を使って丁寧にだしを取るのはなかなか難しく、ついついだしの素のお世話になってしまいがちです。その結果、昆布と鰹節で取っただし汁がどれほどおいしいかを忘れ、だしの素の味をだし汁の味と勘違いして記憶に埋め込んでしまっているかもしれません。

鮨にしても、日本には高級店から庶民的な回転ずしまで幅広い用途や目的を満たす鮨屋があり、スーパーやデパ地下で、あるいはインターネットで好みの鮨を購入することもできますが、鮨を食べるときにその歴史や成り立ちを反芻しながら食べる人はごくまれでしょう。しかも、鮨の歴史を知る人はおそらく少数で、鮨は生まれも育ちも日本の食べ物だと漠然と思っている人がほとんどではないでしょうか。

ことほどさように、私たちは、実はあまり知識を持たずに、あるいは持っていても特に振り返らずに、いわゆる日本的なものに日々接しています。本書はマイケルの目と言葉を通じて、そうした日常の奥にあるものを甦らせ、知識を新たにさせてくれる役割も果たしています。

日本人の食事は今や世界から注目され、羨望の眼差しで見られ、世界における日本料理の代名詞が鮨か天ぷらしかなかった時代と比べると隔世の感があります。高級料亭が世界各地に出店する一方で、日本ならではのファストフードである回転ずし、焼き鳥、ラーメンも世界を席巻し、日本の学校給食は海外で高く評価され、キャラ弁が大流行して日本製の弁当箱の売れ行きは好調——そのうえ著者によれば、お好み焼きとたこ焼きがまだ世界に進出していないのはおかしいということで、日本の食べ物はますます世界各地で喜ばれそうな気配があります。

そうした現象の根底にあるのは、本当によいものは誰からも喜ばれるはずだというシンプルな哲学なのでしょうが、その哲学をこれほどまでに心を開いて理解しようとする外国の人がいようとは、おまけにその人が日本の食文化を広く世界に発信する役割を担ってくれているとは、とても意外な気がします。この本には、海外の有名レストランのシェフの名前も登場します。彼らが日本料理のエッセンスを取り入れようとしていることも新たな驚きですが、本書には、その他にも食の面における日本と海外との距離を推し量れるような記述がふんだんに盛り込まれていて、その距離が想像以上に近いことも実感させられます。著者は単純に日本料理を称賛するのではなく、それぞれの料理の奥にある背景や地域の歴史、特色に目を向け、日本人を理解し、日本そのものを理解しようという真摯な姿勢を持ち、それを少し毒のある独特の表現でつづっています。その他愛ない毒舌や、外国人ゆえのちょっとした勘違いが、絶妙なスパイスとして効果を発揮し、読者のみなさんにひと味違う楽しみを与えてくれることでしょう。皮肉の込もったひねくれた賛辞もありますが、それも日本を気に入ってもらえた証拠だと思えます。

本書を訳出するにあたり、土井恵美子さん、桜井ひろしさんにたいへんお世話になりました。また、小林孝充さんからもお知恵を拝借いたしました。この場を借りて御礼申し上げます。

また、最後になりましたが、亜紀書房編集部の足立恵美さん、高尾豪さんに心から感謝いたします。ありがとうございました。

二〇一三年三月　寺西のぶ子

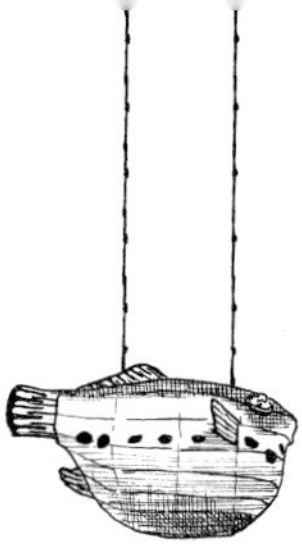

英国一家、日本を食べる

２０１３年４月15日　第１版第１刷　発行
２０１３年11月16日　第１版第10刷　発行

著　者　マイケル・ブース
訳　者　寺西のぶ子
発行所　株式会社亜紀書房
〒101-0051
東京都千代田区神田神保町 1-32
電話 03（5280）0261
http://www.akishobo.com
振替　00100-9-144037

印刷所　株式会社トライ
http://www.try-sky.com

写真提供　桜井ひろし（P.208,211）

Printed in Japan
ISBN978-4-7505-1304-1
乱丁本、落丁本はおとりかえいたします。

マイケル・ブース
Michael Booth

英国・サセックス生まれ。

トラベルジャーナリスト。

フードジャーナリスト。

枠にはまらない食への飽くなき好奇心と探求心が身上。2010年「ギルド・オブ・フードライター賞」受賞。パリの有名料理学校ル・コルドン・ブルーにおける1年間の修業とミシュラン三ツ星レストラン、ジョエル・ロブションの“ラテリエ”での経験をつづった“Sacré Cordon Bleu”は、BBCとTime Outにおいて週刊ベストセラーに。他著に“Doing without Delia: Tales of Triumph and Disaster in a French Kitchen”、“Eat Pray Eat”など

寺西のぶ子
Nobuko Teranishi

成蹊大学経済学部卒業。

主な訳書に、ブラム『なぜサルを殺すのか』、レヴェンソン『ニュートンと贋金づくり』（ともに白揚社）、ラシュトン『友だちができる本』（晶文社）、ウォレス『イエスマン』（バジリコ）、レーン『乱造される心の病』、ラウファー『蝶コレクターの黒い欲望』（ともに河出書房新社）など。